はじめての
UXリサーチ

ユーザーとともに価値ある
サービスを作り続けるために

UX RESEARCH START GUIDE

株式会社メルペイ UX リサーチチーム
松薗美帆／草野孔希 共著

Introduction　はじめに

　本書はUXリサーチを実践するための入門書です。「UXリサーチという単語を聞いたことはあるけどどういうものかよくわかってない」「UXリサーチをやってみたいけど、何から始めたらいいんだろう…」とお考えの方や、「すでに取り組み始めているけど、やり方に自信がない…」とお悩みの方の力になりたいという想いから、筆者らが実践で得た知識を本にまとめました。あなたが現場でUXリサーチを始めて続けていくときに、いつも側に携えてもらえるメンターのような本でありたいと願っています。

　本書の特徴は、1人でも実践を小さく始めて続けられるように構成していること、そしてUXリサーチのリアルな実践事例を扱っていることにあります。これまでの実践事例を紐解き、どういう状況でどのように考えてUXリサーチを行ってきたのかを、なるべく具体的に書きました。「UXリサーチを実践するってこういうことなんだ」とイメージをつかんだ上で、1人で小さく始めて継続し、必要に応じて大きく育てていきましょう。

必要に応じて
大きくしていく

1人でできる小ささで
始めて繰り返して

なぜ本書を書こうと思ったのか

　筆者らは、これまで数百人の調査協力者とともにUXリサーチを実践してきました。具体的には、スマホ決済サービス「メルペイ」を提供する株式会社メルペイにてUXリサーチャーとしてサービス開発に携わってきた他、副業でもUXリサーチのコンサルティングやコーチングもしてきました。それらの経験から得た知見を、UXリサーチ実践者のコミュニティや学会などで情報発信もしています。そして今、もっと多くの方がUXリサーチを活用できるようにすべく、次の2つを目標に本書を書きました。

目標1. UXリサーチを始める価値を感じてもらいたい

　UXリサーチを端的に説明すると「ユーザーの体験（UX）について調べ明らかにすること」です。サービス開発の現場での実践を通して、UXリサーチには多くの効能があるのだと筆者自身が実感してきました。たとえば、ユーザーを深く知ることで新たな洞察を得て良い意思決定を導けたり、チームメンバーの創造力をより高められたりします。一方、国内ではUXリサーチに関して共有されている知見がまだ少なく、価値を想像しづらかったり、始めるハードルが高いと感じていたりする方がいるようです。裏を返せば、より多くの人がUXリサーチを始め、活用できる余地があるということです。そこで本書では、UXリサーチの概論だけに留まらず、UXリサーチを活用した事例を多く紹介しています。より多くの人たちに、UXリサーチを始めてみよう、もっと活用してみよう、と思っていただけたら嬉しいです。

目標2. UXリサーチの実践を始めて、続けられるようにする

　世の中にはUXリサーチに役立つ優れた専門書がたくさんあります。しかし、人によってはなかなかハードルが高いと感じられるようで「UXリサーチを始めるときに入門書として良い本はないか？」と質問をいただくことが多々

あります。そのため本書は、なるべくUXリサーチを始めやすく、かつ続けやすくなるような、実践のための入門書を目指して書きました。筆者がこれまで実践してきたUXリサーチの現場で生きるノウハウを、できる限り詳しく紹介しています。たとえば、実際に著者がUXリサーチを始めたときのストーリーや、UXリサーチのプロセスの全体像と具体的な進め方の他、UXリサーチを一緒にやる仲間を増やすための地道な働きかけや仕組み作りなどです。

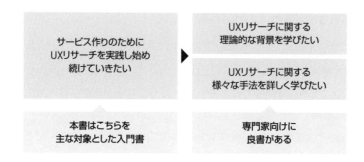

UXリサーチ実践者の悩みに寄り添う

　本書は、筆者が過去につまづいた経験や、UXリサーチ実践者の悩みに耳を傾けながら執筆していきました。たとえば、「UX BIG BANG」という主催イベントでワークショップを行ったり、オンラインコミュニティで交流したりする中で、UXリサーチ実践者たちがこれまでぶつかってきた壁や、今まさに抱えている悩みを洗い出しました。その結果、UXリサーチの知識だけでなく、サービス開発に活かせるノウハウを伝えることが重要だとわかりました。また、なかなか周りに教えてもらえる人がおらず、UXリサーチの実践事例を見られる機会が少ないという悩みがあることを知りました。そのため、本書では実際のサービス開発の現場でどのようにUXリサーチを組み立てて実践してきたか、筆者の事例を交えて具体的に載せるようにしました。さらに、本書の内容をより活用できるように、筆者が使っている調査企画書など、UXリサーチを実践する中で活用できるテンプレートも以下よりダウ

ンロードできます（内容は付録を参照）。

ダウンロード
https://www.shoeisha.co.jp/book/download/9784798167923/

本書を手に取って欲しい人

職種や役割を問わず、はじめてのUXリサーチに取り組む方の他、UXリサーチをすでに実践している方にとっても、もっと効率よく取り組みを広げていくために参考になるでしょう。

本書は、UXリサーチを始めて実践する中で「これはどうするんだろう？」という悩みが出てきたときに、必要な箇所を参照するような使い方を想定しています。参考として、代表的な欲求とお悩みを5つのステージに分けて整理しました。「自分はどこに当てはまるだろう？」と考えながら読み進めると、よりあなたの実践に役立つ知識を効率的に得られます。あなたのステージに合わせて、次の一歩を踏み出すお手伝いができたら嬉しいです。

本書が想定する実践のステージ

本書では、UXリサーチを実践し始めて、続けていくためのステージを5段階に分けて整理しています。周りに教えてもらえる人がいない中でもUXリサーチをやり始めて、自立してUXリサーチをやり続けられるようになるまでのイメージをつかみましょう。ステージは大きく分けて基礎部分と応用部分に分かれています。基礎部分は、UXリサーチの実践を始めるためのマインド、知識、進め方などを身につけたいときに役立ちます。応用部分は、よりUXリサーチの専門性を高めていく・UXリサーチを組織に広げていきたいときに役立ちます。それぞれのステージについて簡単に紹介します。

	ステージ	代表的な欲求やお悩み	対応する章（Chapter）							
			1	2	3	4	5	6	7	8
基礎部分	**Stage 1** UXリサーチを理解したい	●自分1人でできるものなの？ ●そもそも、どんなものなの？	◎	◎					○	
	Stage 2 UXリサーチをやってみたい	●自分でやってみたいけど、具体的にどう始めればいいの？			◎	◎	◎	○	○	
応用部分	**Stage 3** UXリサーチを深めたい	●ある程度のことはできている気がするけど、もっとより良くやることはできないの？				◎	◎	○	○	
	Stage 4 UXリサーチを広めたい	●自分では一通りできるけど、周りの人もできるようにするには？					◎	◎	◎	
	Stage 5 UXリサーチを学び合いたい	●チームには根付いてきたけど、チームを越えて知恵を共有し、高め合うには？						○	○	◎

Stage1　UXリサーチを理解したい

　このステージにいる方は「ユーザーをもっと明確に捉えてサービス開発を進めたいのにそのやり方がわからない」と悩んでいます。そういうときに、UXリサーチというキーワードを知りました。しかし「何かハードルが高い感じがするし、どうやって始めれば良いかもわからないし、効果もまだ未知数だな」と思っています。「本務の片手間で始められるものなのかもわからないし、自分1人ではできないかもしれない」と少しひるんでいます。

　このステージでは、まずはUXリサーチに関する基本的な考え方を知ることから始めてみましょう。

➡ 1章、2章、7章へ

Stage2　UXリサーチをやってみたい

　UXリサーチの基本的な考え方や価値を知り、「自分でやってみる価値がありそうだ」という感覚は持てました。また、「兼務でも1人でも小さく始められそうだ」とも思えてきました。しかし、具体的にどのようにUXリサーチを組み立てて実施したら良いか自信がありません。「調査協力者はどうやって集めるのか。同意書は必要なのか。ユーザーインタビューでの質問項目はどうやって作るのか。どういう道具を準備するのか」などなど、疑問がいっぱいです。UXリサーチを進めるための基本となる型があれば参考にしたいと思っています。

　このステージでは、UXリサーチを実践し始める方法を学び、小さくても良いので実際にやってみましょう。

➡ 2章、3章、4章、6章、7章へ

Stage3　UXリサーチを深めたい

　1人でUXリサーチを小さくやり始めてみて、自分なりの手応えをつかむことできました。また、実績をもとにUXリサーチの効果を共有できるようになりました。それによって、興味を持ってUXリサーチに関わってくれる人も何人か出てきました。一方で「他にもっと良いやり方があるのでは？」と疑問が湧いてきたり、「他にどんな手法があるのだろう？」「もっとUXリサーチの運用を効率化できないか？」といったことも気になっています。

　このステージでは、UXリサーチの設計の方法や手法の理解を深め、仕組み作りにも取り組んでいきましょう。

➡ 2章、3章、4章、6章、7章へ

Stage4　UXリサーチを広めたい

　いろいろな知識を得て実践をしていくことで、プロジェクトの状況に合わせて手法を選び、効率的にUXリサーチができるようになってきました。「なぜこの状況でその調査をすることが良いのか」という問いにも適切に答えら

れています。UXリサーチを実践し続けることに自信もついてきて、「もっとUXリサーチを組織に広げていきたい」と思っています。しかし、「どのように他の人を引き込めばいいのか、どうすればUXリサーチの価値に共感してもらい、UXリサーチを活用できる人を増やせるのか」といった課題を感じています。

　このステージでは、UXリサーチの仕組みをさらに整備したり、UXリサーチの価値を組織の中に浸透させたりすることに取り組んでいきましょう。

➡ **5章、6章、7章へ**

Stage5　UXリサーチを学び合いたい

　組織の中ではUXリサーチの文化が芽生えてきていますが、とはいえ全体から見たらUXリサーチを実践する人は少数派です。もっと自分のUXリサーチのスキルやマインドを高めていくために「組織を越えてUXリサーチの実践者とうまくつながって情報交換をしたい」と考えています。

　このステージでは、UXリサーチの専門性を高めるために、実践者同士で学び合える環境を作ることに取り組んでいきましょう。

➡ **5章、6章、8章へ**

Contents　目次

Introduction　はじめに ……………………………………………… 003

なぜ本書を書こうと思ったのか……………………………………… 004

UXリサーチ実践者の悩みに寄り添う ……………………………… 005

本書を手に取って欲しい人………………………………………… 006

本書が想定する実践のステージ…………………………………… 006

Chapter1

UXリサーチの捉え方

UXリサーチとは ……………………………………………… 016

UXリサーチの必要性が高まっている背景を捉える ……………… 017

UXリサーチのメリットを捉える ………………………………… 019

UXリサーチを手段として捉える ………………………………… 025

UXリサーチの分け方を捉える ………………………………… 028

定義に囚われすぎない…………………………………………… 036

COLUMN　UXリサーチで好きなところは？ ……………………… 039

Chapter2
UXリサーチの始め方

始めること自体は目的ではない……………………………………… 042

まずは小さく始めてみよう…………………………………………… 043

実はもう始めていたUXリサーチ …………………………………… 046

何から始めるか………………………………………………………… 049

ひとつでも学びが得られたら前進している………………………… 052

より良いUXリサーチを目指す工夫 ………………………………… 052

調査の実施だけではないUXリサーチのプロセス ………………… 054

COLUMN　メルペイでのUXリサーチの始まり ………………………… 056

Chapter3
UXリサーチの組み立て方

UXリサーチで歩む7つのステップ…………………………………… 058

組み立て方の概要……………………………………………………… 059

状況を理解するには…………………………………………………… 060

問いを立てるには……………………………………………………… 065

結果の活用を考えるには……………………………………………… 067

調査手順を考えるには………………………………………………… 071

組み立てたプランをまとめて、準備を進める……………………… 073

COLUMN　調査企画書ってどう書けばいいの？…………………… 077

Chapter4
UXリサーチの手法を知る

本章で紹介する手法 ·· 082
ユーザーインタビュー ·· 083
ユーザビリティテスト ·· 093
コンセプトテスト ··· 101
アンケート ·· 104
フィールド調査 ··· 108
ダイアリー調査 ··· 110
質的データの分析手法とは ·· 111

COLUMN　質的データだけではないUXリサーチャー ································ 124

Chapter5
UXリサーチを一緒にやる仲間の増やし方

段階に応じた仲間の増やし方 ·· 126
まずは一度引き込んでみよう ·· 126
継続的な関係を構築しよう ·· 132
より広く・多くの人を引き込もう ·· 134
UXリサーチを文化にしよう ·· 136

COLUMN　デザイナーからみたUXリサーチャー ·································· 139

Chapter6
UXリサーチを活かす仕組みの作り方

ResearchOpsとは ·· 142
ResearchOpsの実践例 ··· 143
外部のパートナーと協働する ·· 155

COLUMN　UXリサーチに役立つツール ……………………………… 157

Chapter7
UXリサーチのケーススタディ

事例のラインナップ…………………………………………… 160
事例1：利用上限金額の設定機能 …………………………… 161
事例2：maruhadaka PJ ……………………………………… 165
事例3：おくる・もらう ……………………………………… 180
事例4：定額払い ……………………………………………… 189
事例5：初期設定フロー ……………………………………… 202
事例6：Weekly UXリサーチ ………………………………… 205
事例7：リモートUXリサーチ ………………………………… 212

COLUMN　UXリサーチャーのしくじり ……………………………… 219

Chapter8
UXリサーチの実践知の共有

組織の中でUXリサーチの実践知を共有しよう ……………… 222
組織の外・業界と交流しよう………………………………… 224

COLUMN　本を書くための調査とは？………………………………… 228

Appendix　付録 ……………………………………………… 230

本書内容に関するお問い合わせについて

本書に関する正誤表、ご質問については、下記のWebページをご参照ください。

正誤表　　　　　https://www.shoeisha.co.jp/book/errata/
刊行物Q&A　　　https://www.shoeisha.co.jp/book/qa/

インターネットをご利用でない場合は、FAXまたは郵便にて、下記にお問い合わせください。電話でのご質問は、お受けしておりません。
〒160-0006 東京都新宿区舟町5 （株）翔泳社愛読者サービスセンター係
FAX 番号 03-5362-3818

※本書に記載されたURL等は予告なく変更される場合があります。
※本書の出版にあたっては正確な記述につとめましたが、著者や出版社などのいずれも、本書の内容に対してなんらかの保証をするものではなく、内容やサンプルに基づくいかなる運用結果に関してもいっさいの責任を負いません。
※本書に掲載した図の素材の出典は（出典の記載のあるものを除き）、株式会社メルカリまたは株式会社メルペイです。
※本書に記載されている会社名、製品名はそれぞれ各社の商標および登録商標です。

Chapter1

UXリサーチの捉え方

UXリサーチはなぜ大事なの？

UXリサーチとはどのようなもので、どういったシチュエーションで活用すると効果的でしょうか。本章を読むことで、「UXリサーチをなぜやる必要があるの？」と聞かれたときに自分なりに説明できるようになりましょう。また、UXリサーチは状況に応じて使い方が変わります。UXリサーチをどのような分け方で捉えると、状況に応じた活用がしやすいのかについても理解を深めていきましょう。

対象となるステージ	1	2	3	4	5
この章を通して できるようになること	UXリサーチの基本的な考え方がわかる UXリサーチの価値がわかる、説明できる				

UX リサーチとは

「UX」も「リサーチ」も単語の意味が広いので、「UXリサーチ」という言葉は、多様な意味に取られるのが実状です。そこで本書における定義を明確にしておきます。

まず「**UX**（User Experience）」とは、ISO9241-210[*1]の定義によれば、「プロダクトを使う前、使っているとき、使った後に起きる人の知覚や反応のこと」です（本書ではプロダクトもサービスとして捉えます）。そのため、UXとは必ずしもユーザーインターフェース（UI）を使っているときに限ったものではありません。また、UXを主眼においてサービスをデザインすることを「**UXデザイン**」といいます。

次に「**リサーチ**」は日本語で「調査」という単語に相当し、意味は「調べて明らかにすること」です。これらを合わせて、本書ではUXリサーチのことを「様々な場面で起きる人の知覚や反応（UX）について調べて明らかにすること」と定めます。

> *1: ISO9241-210(インタラクティブシステムを対象とした人間中心設計に関する国際規格):
> https://www.iso.org/standard/77520.html

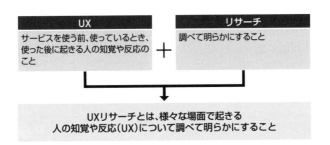

上述した通り、人の知覚や反応は様々な場面で起きます。また、人がどういう知覚や反応を示すかは、その人のこれまでの経験や生活の文脈によって変わります。そのため、UXリサーチで調べる対象となるのは、人の生活そのもの、既存のサービス、新しく出したアイデア、作っている最中のサービ

スなど多岐にわたります。それらについてどのような対象を調査するときも、常にUXに焦点を当て続けることが、UXリサーチの特徴といえるでしょう。なお、UXリサーチで取り扱う対象については本章の「UXの要素ごとのリサーチ」で、もう少し詳しく解説します。

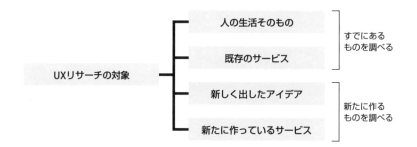

　また、UXリサーチでは、単に調査をするだけでなく調査結果を組織で活用できるように働きかけることも重要です。たとえば、組織の中で調査結果について議論する場を設けたり、議論のファシリテーション[*2]を担うこともできます。具体的な内容については、3章で紹介します。

> *2:グループや組織でものごとを進めていくときにその進行を円滑にし、目的を達成できるよう、中立的な立場から働きかけること。

UXリサーチの必要性が高まっている背景を捉える

　UXリサーチという用語が使われるようになる前から、ユーザーの声を取り入れながらサービス作りはされてきましたし、成功するサービスもたくさんありました。では、どうしてUXリサーチが必要だといわれるようになったのでしょうか。その背景にはUXに着目したサービス作りが主流になった時代的な変化があります。昔はサービスが少なく、機能が充実し性能の高いサービスが喜ばれた頃がありました。しかし、2021年現在では、人が一生かけても使い切れないほどの数のサービスが存在します。また、新機能を作り性能を高めても他社にすぐに追いつかれる時代です。このような背景から、

他と比べて使いやすいことや使っているときの体験の品質が高いことが、サービスが選ばれ、使い続けられる理由として重要になりました。さらに、ユーザーの体験が良いことは前提として、それが社会にとっても良いか、地球環境にとっても良いかといった、持続可能性まで鑑みてユーザーがサービスを選ぶ時代になってきています。

価値を感じるポイントの変化

機能	必要な機能を実現する	システムに焦点がある
性能	新技術や性能で競争する	
利用性	利用者の使いやすさを重視する	人に焦点がある
体験（UX）	利用者の体験の品質を重視する	
持続可能性	利用者以外も俯瞰的に捉える 持続可能に豊かになる	人以外も含めて考える

　また、市場の変化が年々激しくなっていることも、このような流れに拍車をかけています。たとえば、本書の執筆を始めた2020年は新型コロナウイルスの影響で世の中があっという間に一変しました。筆者が携わっているスマホ決済市場についても、2019年と2020年では利用率が大幅に変化しました[3]。これらの変化が起こる以前の常識や調査結果が通用しない部分も出てきています。

　その他にも提供されるサービスが増えるとともに、ユーザーの多様性も高まり続けています。たとえば「20代の大学生で1人暮らしの男性」という同じ属性の人を調査するとして、決済方法ひとつとっても、現金が主という人もいれば、ほとんどクレジットカード決済という人もいて、その理由も様々です。

*3：インフキュリオン「決済動向2020年12月調査」
https://prtimes.jp/main/html/rd/p/000000024.000031359.html

　このように、体験の品質が重視され、市場の変化が激しく、多様性が高い状況では、どういう人がどういう事情で使っているかをサービス提供者が推測する難易度が上がっています。こういった背景から、UXリサーチの重要

性が増しているのです。「自分はサービスやユーザーをよく理解できている」と思っていても、UXリサーチをしてみたら「ユーザーと自分はサービスの捉え方が違うな」「自分が思っていたユーザー像とぜんぜん違うな」「思いもよらなかった新しい気づきを得られたな」など、予想以上の学びを得られることも多いです。筆者もスマホ決済の業界で毎年100人以上の方を対象に調査していますが、日々変化を感じますし、新鮮な学びを得られ続けています。

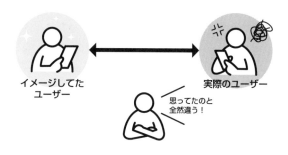

UXリサーチのメリットを捉える

　ここでは、UXリサーチを実践してユーザーを深く理解することで得られるメリットを解説します。「リリース前に小さく失敗しながら学びを増やせる」「データを解釈する精度を高められる」「組織作りに使える」という3つの観点から説明していきます。

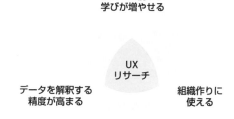

リリース前に小さく失敗しながら学びを増やせる

　UXリサーチを活用することで、サービスをリリースする前に様々な学びをユーザーから得られます。これにより、リリース後に大きく失敗する可能性を下げられます。今の時代は、新しいサービスを企画するときの不確実性が高まっています。それゆえに、本当にうまくいくのかが見通せず、リリース前に不安が大きくなりがちです。たとえば、ユーザーの理解が浅いと、ユーザーにとって価値のあるアイデアが上手く出せなかったり、作っている最中のサービスが本当にユーザーにとって良いものなのか不安になったりもします。そういった状況に対してUXリサーチを活用すれば、そもそもユーザーがどのような生活をしているのかを調べて理解を深めたり、プロトタイプ[*4]を用いることでユーザーからフィードバックが得られたりします。

> [*4]:プロダクトやサービスの一部を、体験したり想像したりできるようにするための試作のこと。

　筆者の経験では、プロトタイプを用いたUXリサーチを活用するようになってから、リリース前にユーザーの反応が得られることで不安が軽減されました。たとえば、アプリリニューアル時にUXリサーチを行った際は、デザイナーやエンジニアなども引き込み、調査結果をもとに議論していくことで筆者も含めてチームが納得しながら進めることができました。中でも、様々なアイデアをUXリサーチで試す中で、フィードバックを得てアイデアを洗練できたことに大きな価値がありました。結果的に、チーム全体が自信を持ってリリースまでたどりつくことができ、事業としても良い結果を出すことができました。

　最初に考えたアイデアを調べてみると、ユーザーから厳しい反応をもらうことが多いものです。しかし、そこで残念に思う必要はありません。作る前に「UXリサーチを通してアイデアについて学びを得られたこと」が大きな価値になります。学びを得ることでアイデアを繰り返し改善できます。ソフトウェア分野では、要求の誤りを作った後に修正するコストは大きいといわれています[*5]。そのため、UXリサーチを通して作る前に失敗をして修正できる価値は大きいでしょう。ただし、UXリサーチそのものから正しい解決策

が得られるわけではありません。解決策を導くには、UXリサーチから得られた学びをもとにサービスのどこに着目すべきかを吟味し、その上で解決策を発想する必要があります。UXリサーチによって解決策を創造的に生み出すための「学びを増やせる」という捉え方で臨むようにしましょう。

*5:『ソフトウェア開発201の鉄則』(アラン・M・デービス著／日経BP社／1996年)

また、ISO 9241-210 (人間中心設計に関する国際規格) でいわれている通り、デザインのプロセスは反復することが基本です。プロトタイプを用いて学びを得ることは、デザインの反復を効果的に進めるための有効なひとつの手段です。もちろん、リーンスタートアップ[6]のように小さくサービスを作って素早くリリースしてからユーザーの反応を得るという考え方もあります。状況に応じて「リリース前に学べることがあるならば先にやってみる」「リリースしてみないとわからないことは、後から確かめる」など、デザインに必要な情報を得るために、柔軟に手段を選択するようにしましょう。

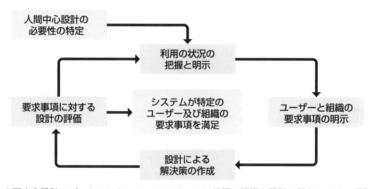

人間中心設計のプロセスにおいて、UXリサーチは状況の把握や設計の評価のために重要な役割を担う

*6:価値を提供するための最小限のサービスを短期間で作り、顧客に実際に提供することで反応を見る。そして、提供価値が市場に受け入れられるかを確認しながら改善する(大きく方向転換したり・撤退することもある)。このサイクルを繰り返すことで、顧客に価値があるサービスを提供しやすくなり、新規事業の成功確率が高まるという考え方。

データを解釈する精度を高められる

　サービスをリリースすると、実際にユーザーが利用したときの利用ログなどのデータを活用できるようになります。そのようなデータがとれるようになると、一方で、「ユーザーの声を聞いても、どうせ1人の意見でしょといわれる」「大規模なアンケート調査ばかりが利用される」という悩みを聞くこともあります。しかし、利用ログやアンケートの結果を見ているだけでは、データの解釈を間違えてしまうことがあります。

　たとえば、「利用ログから、ある特定のタイミングでたくさんのユーザーが利用を止めている」とわかったとします。そのとき、自分たちの経験だけで「これが原因じゃないか?」と推測して仮説を設定するとします。その後、仮説をもとにアイデアを出して、アンケートでアイデアの評価をしたら、どのアイデアも評価されず検討し直しになった。しかし、いったい何が悪かったのかはわからない、ということが起きたりします。

　このようなときに、仮説やアイデアを出す前に何名かにユーザーインタビューしたとすればどうでしょう。「なぜユーザーが利用を止めてしまうのか、どのような体験に関する課題があるのか」などの仮説を立てるための学びが得られます。そうすれば仮説の精度も高められますし、アイデアも出しやすくなります。このように、UXリサーチでは「様々なデータを組み合わせて調査をするものである」「それによってデータを解釈する精度を高めることができる」と捉えるようにしましょう。

　一方で、データを組み合わせるほど時間と労力がかかります。どんなときでもデータをたくさん集めれば良いわけではありません。調査が必要とされている状況を正しく理解して、必要な分の調査を、使えるリソースの範囲で実施できるように意識しましょう。

　なお、ここでお話しした利用ログなどのデータを「量的データ」、インタビューなどで得られるデータを「質的データ」と呼びます(これらのデータの特徴について、詳しくは本章の「質的/量的リサーチ」で解説します)。

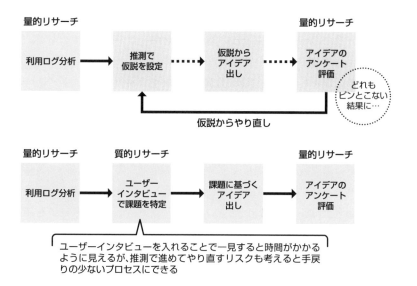

量的リサーチ　　　　　　　　　　　　　　　　　　　量的リサーチ

利用ログ分析 → 推測で仮説を設定 ┈┈► 仮説からアイデア出し ┈┈► アイデアのアンケート評価　どれもピンとこない結果に…

仮説からやり直し

量的リサーチ　　　　質的リサーチ　　　　　　　　　　量的リサーチ

利用ログ分析 → ユーザーインタビューで課題を特定 → 課題に基づくアイデア出し → アイデアのアンケート評価

ユーザーインタビューを入れることで一見すると時間がかかるように見えるが、推測で進めてやり直すリスクも考えると手戻りの少ないプロセスにできる

組織作りに使える

　サービスが大きくなると役割が細分化されて、サービスの全体像が見えにくくなることがあります。そういうときに、UXリサーチはユーザー目線でサービスの全体像や役割のあり方を捉え直す良い機会となります。それによって、チームビルディングができたり、チーム間をつなげられたりと、組織作りをサポートできます。

　たとえば、組織内の関係者にとって、ユーザーが実際にサービスを使っている様子を目の当たりにすることは大きな刺激になります。ユーザーが新しいサービスを見て「すぐにでも欲しい！」と食いついていたり、逆に「これは要らない」と一刀両断したりする様子を直接見ることで、言葉では伝わりにくい部分も含めて体験が生々しく伝わります。また、「この人たちのためにサービスを作っているんだ」という実感が得られやすく、組織内の関係者の活力にもつながります。さらに、調査結果をより良く解釈する対話の場作りや、調査結果を活かした議論をファシリテーションすることも組織作りに効果的です。UXリサーチを用いることで組織内で関係者がお互いの役割を超えて、ユーザーに良い体験を届けるためには何ができるのかを議論する機会を提供できます。

また、関係者を引き込んでUXリサーチを積み重ねていくと、関係者の中でユーザー像やユーザーに届けたい体験のイメージが一致しやすくなり、アイデアを出したり精査したりするときの精度や効率を上げることにつながります。実際に筆者も、「だいぶ前に実施したUXリサーチがあったからこのアイデアが実現できた」などといわれることもあります。UXリサーチを通したユーザーの理解はすぐに直接的なアイデアや意思決定につながらなくても、長い目で見れば組織の中で活かされていくのです。そのため、UXリサーチをするときは仮説検証だけでなく、ユーザーの生活や考え方を理解する時間も取ることをおすすめします。時間は全体の調査時間のうち20〜30分は取ってみましょう。「ユーザーはどういう人なのか」「どのようにサービスを使っているのか」「どういう利用状況にいるのか」などを聞いておき、関係者の中でユーザーの理解が高まるように、意識的に共有しましょう。

　一方で、組織の都合の良いようにUXリサーチの結果が活用されてしまわないように注意が必要です。たとえば、「調査結果のごく一部だけを切り取って使われてしまう」「1人の協力者の発言が過度に一般化して扱われてしまう」といったことが起こり得ます。だからこそ、組織の中でUXリサーチの結果をうまく活用できるように議論の場をファシリテーションすることも重要な役割だと捉えましょう。

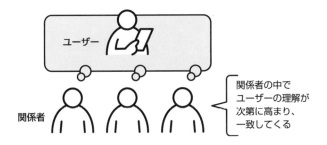

UXリサーチを手段として捉える

UXリサーチは、より良いサービスを作るための手段として活用できます。しかし、UXリサーチをしたからといって必ずしも良いサービスが作れるわけではありません。UXリサーチをして明らかになったことがきちんと組織の関係者に伝わり、議論や意思決定に活用されることが重要です。たとえば、単に調査結果をまとめるだけではなく興味を持って調査結果を読みたいと思ってもらえるように、レポートを作るときはサマリーを作って、そこだけでも読まれる工夫をしています。その他にも、議論を活性化するためにミーティングを用意したり、ファシリテーションしたりすることもあります。さらに、筆者の現場では、デザインと検証を素早く繰り返すプロセスが基本になっているので、UXリサーチもそれに寄り添える仕組みを作っています。このように、組織のやり方や、議論や意思決定に必要なタイミングに合わせてUXリサーチの結果を活かせるようにすることが重要です。

UXリサーチが活用されるようにする工夫が重要

調査結果を
まとめる → 調査結果を
見たくなる
工夫をする → 調査結果を
活かす場を作る

組織のデザインプロセスに合うようにUXリサーチを運用する

一方で、素早さやタイミングを重視することで、研究などの何かを明らかにすること自体が目的になるリサーチと比べて手続きが省略されることもあります。そのため、省略したことで失われているものがあることを忘れてはいけません。たとえば、ユーザーインタビューで得られたすべてのデータを細かく分析するべきところを、調査テーマに深く関連するデータだけを予め抜き出すことで手順を省略する、といったことがあります。分析の効率は良くなりますが、一方でデータを抜き出した時点でデータを恣意的に扱ってい

ることになります。目的に応じて使うとは言いつつも、自分たちは何を削っているのか、調査としての質はどうかなど、真摯に内省することは忘れないようにしましょう。

　最後に、UXリサーチの専門性を高めていく中で、これまでに使ったことがない新しい手法を使いたくなることもあります。しかし優先すべきは、手法が自分たちのサービス作りの状況にきちんと合うかどうかです。そのため、UXリサーチをする目的を見極めることを忘れないようにします。その上で「どのような手法を用いると良いのか？」を考えましょう。難しい意思決定のために活用するとしても、複雑なUXリサーチの手法が必要とは限りません。簡単にできる手法が適していれば、それを選ぶべきです。このような目的に合わせたUXリサーチの組み立て方や手法の選び方については、3章で解説します。

状況や目的に合ったサイクルを選ぶ

　UXリサーチをどのようなサイクルで実施すると費用対効果が良いかは、自分たちの置かれている状況次第です。たとえば、1回の調査に数ヶ月の期間と数百万円の予算をかける方法と、1回の調査を数十万円の予算で毎月1回ずつ継続する方法があったとします。どちらのサイクルも、通年で見れば費用感は似ていますが、得られるデータの性質は異なります。

　前者であれば、1回で詳細な調査や分析ができます。しっかりとした分析を通して、ユーザーの特性を詳細に描いたり、ユーザー体験をまとめたりすることも可能でしょう。その一方で、調査結果をアップデートするサイクルが長くなります。市場やユーザーの変化が激しいと、その変化に調査のサイクルが追いつかない可能性があります。次に、後者であれば、1回では簡易な調査や分析しかできません。簡単なレポートをまとめる程度になるでしょう。その一方で、調査をアップデートするサイクルは短くできます。

小さなサイズで繰り返すサイクル	大きなサイズで繰り返すサイクル
1回のコストは小さい	1回のコストは大きい
変化に対応しやすい	変化に対応しにくい
得られるデータが限られる	潤沢にデータが得られる

　筆者が携わっているスマホ決済の業界を例にして考えてみます。前述したとおり、スマホ決済の業界は変化が激しく、1年で状況がガラッと変わることもあります。このような業界では、小さな調査を素早く繰り返せるほうが相性が良いと筆者は判断しています。変化に合わせて情報が更新できないと、データがすぐ使えなくなることがあるからです。データが古いままだと悪い影響を与える可能性すらあります。そこで、筆者はUXリサーチを毎週や隔週のペースで定期的に繰り返す仕組みを用いています。それに加えて、四半期に一度のペースでテーマを決めてUXリサーチをするようにしています。これらの事例については、7章の「Weekly UXリサーチ」（定期的にUXリサーチを繰り返す仕組み）と、「maruhadaka PJ」（テーマを決めたUXリサーチ）でご説明します。一方で、このようなUXリサーチの仕組みは小さく1人で始めるには大げさかもしれません。どのような始め方があなたに合うのかは、2章を参照しながら考えてみてください。

UXリサーチの分け方を捉える

　UXリサーチを捉えるときに、いくつかの分け方があります。分け方がわかれば、何を重視したUXリサーチなのかを理解しやすくなり、状況に合わせた選択がしやすくなるでしょう。本書では「探索/検証のリサーチ」「質的/量的リサーチ」「UXの要素ごとのリサーチ」という3つの分け方を紹介します。

探索/検証のリサーチ

UXリサーチには探索と検証という分け方があります。目的に応じて使い分けをしたり、両方を組み合わせたりして活用します。ひとつの手法を実施する中で、検証を中心にしつつも探索も副次的にできる、といったこともあります。

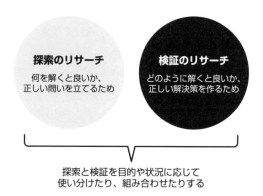

探索と検証を目的や状況に応じて
使い分けたり、組み合わせたりする

探索のリサーチ

探索のリサーチは、検証したい仮説が明確になく、いったい何が課題なのか、何を解くべきなのか調べるための調査です。「正しい問いを立てること」をサポートする調査、ともいえるでしょう。ここでいう「正しい」とは「ユーザーにとって正しい」「ビジネスにとって正しい」などいくつかの視点から考えることができます。UXリサーチでは、ユーザーの視点で考えることが多くなります。探索のリサーチにおいてよく使う手法としては、「デプスインタビュー」があります（4章参照）。期待できる結果は、今まで知らなかった新しい洞察が得られることです。たとえば、「そんなことをユーザーが考えているなんて思ってもみなかった」「そういう生活や行動をしているなんて知らなかった」といったものになります。

検証のリサーチ

検証のリサーチは、検証したい仮説が明確にあるものです。立てた問いに対して、解決策をどのように作っていけば良いのか知見を得ていくための調

査です。「正しい解決を作ること」をサポートする調査ともいえるでしょう。検証のリサーチにおいて使う手法としては「コンセプトテスト」や「ユーザビリティテスト」などがあります（4章参照）。期待できる結果は、自分たちが持っている仮説が支持されるか否かがわかることです。たとえば、「Aという解決策が良いと思っているが、ユーザーはその解決策に魅力を感じるのか」「BというUIならユーザーがスムーズに操作できると思っているが、本当にスムーズに操作完了できるだろうか」といった検証したい仮説があったとします。そして、それが実際にそうなるかをプロトタイプなどで確かめ、その結果をもとに自分たちの解決策を洗練していきます。

質的 / 量的

　他にも質的データを扱うリサーチ（質的リサーチ）と量的データを扱うリサーチ（量的リサーチ）、という分け方があります。簡単にいえば、質的データは直接数値では測定できず、足し引きなどの演算ができないデータです。量的データは直接数値で測定できて、足し引きなどの演算ができるデータです。たとえば、Aさんはりんごが好き、Bさんはいちごが好きといったデータは質的データに分類されます。一方で、りんごを月に何個買ってるか（比例尺度[7]）や、りんごに対する満足度の5段階評価（間隔尺度[8]）などは量的データに分類されます。

> [7]：数値の差だけでなく数値の比にも意味がある尺度のこと。
> [8]：数値の差が等間隔であり、数値の差のみに意味がある尺度のこと。

　質的データと量的データは、どちらかが必ず優れているというわけではなく、状況に応じて向き不向きがあります。適材適所で使い分け、ときには相互作用させることが前提だと捉えておくと効果的に活用できます[9]。

> [9]：質的データと量的データの両方を組み合わせて調査をする方法は「混合研究法（Mixed-Methods Research）」と呼ばれ、ひとつの研究分野になっている。

質的リサーチ

質的データは、ユーザーは実際にどのような行動をしているのか、そのと

きにユーザーはどのようなことを考えているのかを調べることに向いています。筆者がUXリサーチで質的データを得るためによく使うのはデプスインタビューです。

　一方、質的データだけでは量的にどの程度起きているかはわかりません。たとえば「ユーザーは二度と使わないぐらいこの操作にうんざりしている」という質的データがあったとします。それを量的に調べたら「それは100人に1人しかそう思う人はいなかった」ということもあり得ます。質的データの分析結果から新たな洞察が得られたら、次はそのボリュームを量的に調べてみるという組み合わせ方も良いでしょう。また、質的リサーチではデータを取得するときや分析するときに主観が入るので、誰が分析するかによって解釈が変わります。さらに、分析結果を読む人の主観も入ります。これらも質的データを扱うときの注意点です。一方で、注意しつつうまく使えば、多様な解釈があるからこそ新しい洞察や発想につながるという側面もあります。

量的リサーチ

　量的データはどこで、何が、どの量で起こっているかを調べることに向いています。また、グループごとに比較することもできます。筆者がUXリサーチで量的データを得るためによく使うのはアンケートです。仮説を検証するために、たとえば、サービスのアイデアが受け入れられそうかや市場の規模感をはかることに使います。また、量的データの中にもユーザーが主観で答える主観的データと、アプリの利用ログなどの客観的データとがあり、状況に応じて使い分けます。アンケートはあくまでユーザーの主観なので正確ではない場合がありますが、ユーザーの満足度など利用ログなどでは取りにくい「**考え**」を聞くことができます。他方で、利用ログは客観的なので正確に測ることができますが、その数字に対するユーザーの「考え」は測ることはできません。このような背景から、量的データのみを取り扱うときでも、アンケートや利用ログなどのデータを組み合わせて分析することもあります。

　一方、量的データだけでは、なぜそういうことが起きたのかはわかりにくいものです。たとえば、量的データとして事業目標的には良い数値が出ていたとします。しかし、質的データを取ってみたら「ユーザーは嫌だなと思いながら操作していて、もう二度と使わないと思っていた」という結果が得ら

れることもあります。他にも、アンケートは自分たちが知っている仮説について調べるのは得意ですが、自分たちが知らないことを新たに知ることは困難です。たとえば、自分たちの推測でアンケート項目を作って調査をしてみたら「その他」の回答が多く上手く分析ができないといったことも起きます。

	長所	短所
質的リサーチ 質的になぜそういうことが起きているかわかる	● 協力者の主観に基づく ● 協力者一人ひとりの声を詳細に調査できる ● 協力者の経験を文脈を含めて調査できる	● 主観的である ● 一般化しにくい ● たくさんの協力者の調査は難しい
量的リサーチ 量的にどこで何が起きているかわかる	● 客観的に多くの人に共通する結論を示す ● データ取得や分析結果に再現性がある ● データ内の関係性や因果関係を調査できる	● 無味乾燥になりがち ● 協力者一人ひとりの声はわからない ● 協力者のいる文脈まで含めた理解は難しい

UXの要素ごとのリサーチ

UXリサーチの捉え方として、どのようなUXの要素について調べるか、という切り口もあります。UXリサーチの対象は多岐にわたりますが、調査することが増えるほどリソースが必要になります。そのため、自分たちの状況に合わせて、どこを調べて明らかにすることが重要なのかを判断して、確保できるリソースの範囲内でUXリサーチを実施する必要があります。その枠組として「UXの要素」による分け方が使えます。

UX エレメント

Jesse James Garrett 氏が提唱した The Elements of User Experience [10]によれば、UXについて検討すべきエレメントは階層構造になっていて、戦略、要件、構造、骨格、表層という段階に分けられます。次の図にあるように、段階ごとに情報の抽象度が異なります。そのため、今自分たちがどの部分を調査したいと考えているかを明確にする上で役立ちます。

*10:Jesse James Garrett の個人サイト（http://www.jjg.net）を参照。

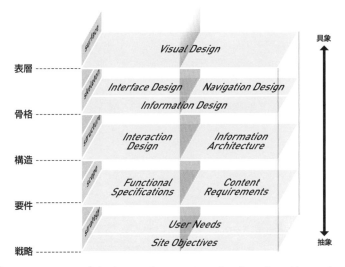

出典：Jesse James Garrett『The Elements of User Experience』http://www.jjg.net/elements/

　サービス作りにおけるUXリサーチというと、UIに関する調査を思い浮かべる方もいます。しかし、それはあくまでUXリサーチで取り扱う要素の一部分です。UXリサーチでは「どのような目的のサービスを作るのか」「そこにはユーザーのニーズがあるのか」といった戦略の段階に関する調査や、「この機能はユーザーのニーズに応えられるのか」といった要件の段階に関する調査をすることもあります。また、調査をするなかで「見た目（表層）は美しい」けれど「ナビゲーション（骨格）はわかりにくい」など段階によって評価が異なることもあります。

　サービス作りのためのUXリサーチにおいて、ある特定部分しか調べなかったり、なんでもかんでも調べたりしようとするのではなく、「どの段階の要素を調べて明らかにすることがサービス作りに役立つのか」を意識することが重要です。

　一方で、いくら必要であっても、戦略などの抽象度の高い段階のUXリサーチをすることは不確実性が高く、難易度が高くなります。そのため、UXリサーチを小さく始めるならば、表層（ビジュアルデザイン）や骨格（UI）の段階を対象としてユーザビリティテストを実施するなど、具体的なところから始めた方が活用しやすくなります。

UX タイムスパン

　UXホワイトペーパー[*11]によれば、UXを時間軸で考えると4種類の期間があるといわれています。サービスの利用前、利用中、利用後、利用全体という分け方をします。同じUXであっても、どの部分を重視して調査をしたいのかによって聞くべきことが変わります。たとえば、UXタイムスパンを参考に安藤昌也氏らが提案した「UXの自己分析ワークシート」によると、UXの期間ごとの「問いかけ」がだいぶ違うことがわかります（下図）。

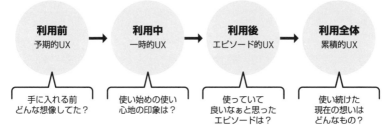

参考：ブログ「UXを理解する第一歩〜自分自身の体験を分析する」
　　　http://andoken.blogspot.com/2017/06/ux_3.html

*11：UXホワイトペーパー（http://www.allaboutux.org/files/UX-WhitePaper.pdf）

UXの要素を組み合わせて考える

　筆者は、UXエレメントとUXタイムスパンを組み合わせて、マトリクスに整理して調査する対象を捉えています。マトリクスにすることで、どのような部分に焦点を当てて調査をするのか、関係者と意識を合わせやすくなります。

UXリサーチの対象は抽象軸と時間軸の2つの掛け合わせでマトリクスに整理できる

	利用前	利用中	利用後	利用全体
表層				
骨格				
構造				
要件				
戦略				

時間軸 →

具象 ↑ 抽象 ↓

たとえば、7章で紹介する各ケーススタディのいくつかをこのマトリクスの軸に従って分類すると、次のような整理になります。「戦略の調査ってどういうことだろう？」「利用時間全体はどうやって調べるんだろう？」など、気になった事例を参照してみてください。

事例	抽象－具象	時間軸
利用上限金額の設定機能	骨格～表層	利用前～利用中
maruhadaka PJ	要件～表層	利用前～利用時間全体
おくる・もらう	戦略～表層	利用前～利用後
定額払い	戦略～表層	利用前～利用後

UXリサーチとマーケティングリサーチ

「UXリサーチとマーケティングリサーチは何が違うの？」という質問をよく受けます。UXリサーチとマーケティングリサーチは、どちらも「調査」というカテゴリに属し、似たような調査手法を使うこともあります。それぞれの違いについては、いろいろな解釈ができますが、筆者は興味の軸が「当事者という個人を理解すること」にあるのか「市場という集団を理解すること」にあるのか、という違いで捉えています。

当事者という個人を理解することに着目するのはUXリサーチです。当事者とはサービスを利用する理由となる悩みや欲求を持つ人のことを指します。当事者はサービスを使ってない人も含むので、ユーザーとは限りません。当

事者の特定のサービスに対する考えや行動はもちろんのこと、当事者を取り巻く状況や環境も含めて、個人のことを深く探究していきます。その上で、個人間の共通点や違いを理解していきます。そのため、用いる手法としても、個人に着目するデプスインタビューなどの質的な調査手法が使われる頻度が高くなります。

　対して、市場という集団を理解することに着目するのはマーケティングリサーチです。特定のサービスに対する市場はどのような集団で構成されているのかを俯瞰して理解していきます。そのため、用いる手法としては、集団を推定できるアンケートなどの量的な調査手法が使われる頻度が高くなります。

	UXリサーチ	マーケティングリサーチ
興味の軸	当事者である個人	市場という集団
範囲と深さ	深く知りたい	広く知りたい
重要視すること	個人を正しく理解したい	集団全体を正しく推定したい

　UXリサーチとマーケティングリサーチは、もともとの興味の軸は異なりますが、サービスを作って提供していく際にはどちらも欠かせない存在です。両方のリサーチを相互補完的に使うことも増えています。たとえば、マーケティングリサーチのためのアンケート項目を作る際に、UXリサーチで得られた洞察が活用されることがあります。逆に、マーケティングリサーチで得られた結果から、「なぜそのような結果になったのか」をUXリサーチで深掘りするということもあります。

定義に囚われすぎない

　ここまで、UXリサーチの捉え方をいろいろな面から説明してきました。これらを全部覚えて厳密に取り扱わないとUXリサーチを始められないというわけではありません。この章の冒頭で述べた通り、UXの持つ意味はとても広いです。UXリサーチにも明確な範囲があるわけでもありません。またリサーチも、デザイン、マーケティング、社会学や文化人類学など、様々な領域で発達してきたので、いろいろな見方がされています。これらの歴史を踏まえてきちんと理解してから実践しようとすると膨大な時間がかかることになります。

　そのため、UXリサーチをサービス作りのための手段と考えるなら、あなたの状況に合わせて、まずは小さく実践してみることをおすすめします。定義を理解することに囚われすぎないようにしましょう。そして、小さく実践する中で、「これはもっとこうやればよかった」という学びが得られたり、「これはどうやればいいんだろう？」「なんでこういうやり方が良いとされているんだろう？」などの疑問が湧いてきたりするはずです。そういうときに、UXリサーチに関する理論や歴史的な背景を学んでいくと良いでしょう。あなたのUXリサーチそのものもデザインと同じように、反復的にブラッシュアップしていくことをおすすめします。

> ☐ 探索/検証のためのリサーチ
> ☐ 質的/量的なリサーチ
> ☐ UXの要素ごとのリサーチ
> 　（UXエレメント・UXタイムスパン）
> 　etc.

これらを全部覚えて厳密に取り扱わないとUXリサーチができないわけはないので、囚われすぎずに実践しよう！

真摯なリサーチを心がけよう

　小さく実践を始めるとはいっても、良いUXリサーチをする上で忘れていけないことがあります。それは、調査協力者に対して真摯な姿勢でいること

です。調査協力者に興味と尊敬を持って接することは大前提です。そして、一人ひとりが持つ物語に深く傾聴し、注意深く分析します。それがなければ、偏った聞き方や観察になってしまったり、調査結果から自分たちに都合の良い部分だけを取り出してしまったりと、貴重なデータを歪めてしまうこともあります。UXリサーチの知識やスキルだけでなく、調査協力者への興味と尊敬を持って、いただいたデータを大事に扱う姿勢を忘れないようにしましょう。

たとえば、調査倫理について学ぶことも良いでしょう。また、確立された手法の手順にはデータを正しく集めたり分析したりするための工夫が散りばめられています（手法については4章で紹介します）。はじめは手順をきちんと踏んでやってみて、どういう意図でその手順が用意されているのかを考えてみるのも良いでしょう。実務で常にやることは難しいかもしれませんが、模擬的な環境でもいいので、手順について考察しながら手法を使ってみることは良い練習になります。

良　データに真摯に
向き合いましょう

調査に対する真摯な
態度を忘れない

悪　都合良くデータ
切り取っちゃえよ

自分の好みや得意も大切にしよう

最後になりますが、どういうUXリサーチが好みか、得意かは人によって異なります。自分がやりにくいなと思うことを無理に実践するよりは、自分がやりやすいなと思うことから始めるほうが続けやすいものです。コラムに筆者らがUXリサーチのどういうところが好きかを書いているので参考にしてみてください。

本章のまとめ

☐ UXリサーチは「様々な場面で起きる人の知覚や反応（UX）について調べて明らかにすること」と捉えられる

☐ 時代の変化が激しく、多様性も高い時代において、UXリサーチの必要性が高まっている

☐ UXリサーチのメリットは、リリース前に小さく失敗しながら学びを増やすこと、データを解釈する精度を高めること、組織作りに使えること

☐ 調査協力者やデータに真摯に向き合う姿勢を忘れないことが重要

UXリサーチで好きなところは？

筆者らがUXリサーチで好きなところについて、対話形式でまとめました。あなたもUXリサーチの実践を通して、好きなところをぜひ見つけてみてください。

草野 私はUXリサーチの企画を考えるとき、どのような状況なのかを整理した上で、こんなUXリサーチをやると良い洞察が得られるかも！とひらめいたときはワクワクします。あとは、得られたデータをひたすら地道に分析しているときに、この切り口いいかも！これはすごい意思決定につながりそう！と思える瞬間があって。これまでにない洞察が届けられそうだと思える瞬間も好きです。

松薗 分析が好きというのは私も同感です。以前、UXリサーチャー何名かで同じ質的データを同じ手法を使ってそれぞれ分析してみたことがあります。いざ結果を持ち寄ってみると、本当に同じ質的データを使ったのか？と思うほど、着眼点も深掘りするポイントも異なっていて驚きました。この経験から、UXリサーチャーにとって分析は、その人らしさがあらわれる表現活動のようだなと思うようになりました。

草野 たしかに、質的なリサーチは同じ分析結果になることはほとんどなくて、調査協力者とUXリサーチャーとの共創的な側面があります。だからこそ見えてくることがあって、面白いんですよね。UXリサーチの結果が絶対に正しいかという議論は難しい。けど、少なくとも今回のUXリサーチではこういう洞察があって、より探求する価値がありそうなことがわかる。そして洞察をもとにアイデアを出してみて、次はアイデアについて調べてみる…といった一連の流れがあって。そういう流れで自然とUXリサーチが使える状況になっていると楽しいと思います。

松薗 なるほど。ちなみに私はアンケートも好きです。論理的に整理し、シンプルで美しいアンケートができたときが良いですね。アンケートは質的データの分析とは頭の使い方が少し違う感じがします。質的データの分析をしていると人をひとくくりにするのは難しいと感じるけど、アンケートでは人をセグメントに分けて量的に調べています。自分がしていることが矛盾しているように感じることもあります。

草野　それは矛盾しているというよりも、コンテキストに応じて適した手段を選んでいるだけかもしれませんね。アンケートといえば自分はフリーコメントを見るのが好きです。こういう観点なかった！と自分たちが見通せないような回答が出てくることがあって、毎回学びになっています。とはいえアンケートでは、自分たちがわかっていたり、想定できる範囲のことしか基本的には調べられないので、そのような手法の特徴も理解した上で使っていく必要があると感じています。

Chapter2

UXリサーチの始め方

どうやって始めたらいいの？

UXリサーチの概要を理解したところで、次に気になるのは「いったいどうやって始めたらいいの？」ということではないでしょうか。どうやらUXリサーチには大変で難しそうなイメージもあるようです。しかし、最初から立派なUXリサーチを完ぺきにやろうと気負う必要はありません。まずは小さく始めて小さく効果を得ることをおすすめします。本章を読み終えたら早速明日からあなたの現場で取り組み始められるように、学んでいきましょう。

対象となるステージ	1	2	3	4	5
この章を通してできるようになること	UXリサーチの始め方がわかる UXリサーチを小さく始めて、実績を作れる				

始めること自体は目的ではない

　UXリサーチはあくまで目的のための手段のひとつであることを見失わないようにしましょう。UXリサーチを始めること自体が目的化してしまうと、「UXリサーチを始めたい！」という気持ちが先行して周りの理解を得られずに空回りしてしまうこともあります。あなたが本書を手に取った理由は何でしょうか。どういう課題を感じていて、なぜUXリサーチを始めたいのでしょうか。原点に立ち返って改めて考えてみましょう。たとえば、「思いつきで施策をたくさんやってきたけどなかなか効果が出ない。何かしらの根拠に基づいて施策の見直しをしたく、その根拠のひとつとしてユーザーのデータを活用したい」と考えているのかもしれません。または、「チームメンバーと議論をしているとユーザーのイメージがばらばらで、コミュニケーションがうまくいかない」と感じているのかもしれません。そういった自分たちのチームやサービス開発の状況に合わせてUXリサーチを始める目的を語ることは、周りの人を引き込んでいくことにもつながります（5章参照）。

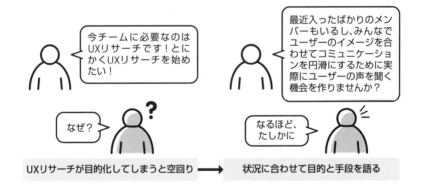

まずは小さく始めてみよう

　UXリサーチを始めるには、まず綿密に計画を立てて、予算を確保して、そのために上司の承認を得る必要があって…とたくさんのハードルが待ち構えていそうだと感じてなかなか始められない方もいます。本節では、筆者がよくいただくご質問をピックアップしながら、UXリサーチは小さく始められるということを説明します。

高い専門性がなくても始められる

　UXリサーチには高い専門性が必要だというイメージがあるようです。もちろんスキルや知識が多いほうが高度なこともでき、UXリサーチの質も高くなっていきますが、最初から完璧な調査をしなければと気負う必要はありません。1章で説明したように、UXリサーチとは「様々な場面で起きる人の知覚や反応（UX）について調べて明らかにすること」です。わからないことがあるときに調べて明らかにするというのは仕事や日常生活で普段からやっていることでしょう。その対象がUXになるだけです。「ユーザーのことを理解したい」という気持ちを忘れずに、相手に興味と尊敬を持って接することを心がければ十分です。また、UXリサーチ自体も実践しながら改善していくマインドが重要です。はじめうまくいかなかったり、思ったより時間や手間がかかったりするかもしれませんが、そのうまくいかなかったことから学べただけでも大きな前進をしているのです。3章でUXリサーチの具体的な組み立て方について解説するので、本書を読みながら実践を重ねてみましょう。その過程で、専門性も徐々に身につくはずです。

予算がなくても始められる

　UXリサーチとはお金がかかるものだというイメージがあるかもしれません。たしかに調査会社にすべてお願いするとなると、数十万円から数百万円程度の予算は必要でしょう。しかし、それほど大きな予算をかけなくてもUXリサーチは自分の身ひとつで始められます。たとえば、家族や友人に普段の行動やサービスを使ってみた感想を聞いたり、別の部署の人にプロトタイプを使ってもらったりするのも立派なUXリサーチです。実際のユーザーに聞きたい場合、サービス上やメールでお知らせをお送りして調査協力者を募ってみると反応があるかもしれません。そのような環境が整っていない場合も、SNSなどで「こういう方、周りにいませんか？」と紹介をお願いしたり、ターゲットに近そうな方に直接連絡を取ってみたりするのもひとつの手です。

特別な設備や機材がなくても始められる

　インタビュールームのような特別な設備や機材がなくても、スマートフォンやパソコンさえあればUXリサーチを始められます。対面で行う場合、手元にスマートフォンを置いて音声録音しておくか、どこかに固定して録画もできます。リモートで行う場合、パソコンでWeb会議ツールを使えば、録画機能で記録も取れます。

　もちろん、あれば便利な機材はいくらでもあります。たとえば、手軽なものだと録画用にスマートフォンを固定する機材があると便利です。会議室やデスクなど安定した場所で録画するなら三脚が便利ですし、外で調査をする場合はジンバルがあれば手ブレ防止ができて動画を見返すときのストレスが減るでしょう。スマートフォンなど手元で操作している様子を調査する場合は、上から固定して撮影できる書画カメラを買うのもおすすめです。いずれも1万円前後で揃うものですが、いきなりすべて揃えようとするのではなく、必要に応じて次第にグレードアップしていきましょう。参考までに筆者が使用している機材を紹介しておきます。

三脚

（ELECOM スマートフォン用コンパクト三脚）

ジンバル

（DJI OSMO MOBILE）

書画カメラ

（IPEVO V4K）

時間がなくても始められる

　もともとの業務でも忙しいのに、さらにUXリサーチをする時間を取るなんて自分の首を絞めるだけだと思われるかもしれません。たしかに、何十人に何時間もかけてUXリサーチをするのは大変です。しかし、まずは1人に30分話を聞いてみることから始めるのだとどうでしょうか。それでも十分な気づきが得られるはずです。本書で紹介しているUXリサーチの仕組みの作り方や付録のテンプレートなどをひとつの型として参考にしながら、効率良く始めるのに役立ててください。

　また、UXリサーチに関する全業務を1人で背負い込む必要はありません。周りに声をかけてみると、興味を持って手伝ってくれる人や、UXリサーチに必要な業務を普段の仕事の一環でやってる人がいるかもしれません。たとえば筆者がお手伝いしていたとある企業では、カスタマーサポートチームにユーザーとの日程調整のやり取りや個人情報の取り扱いを依頼してUXリサーチを始めていました。もちろん相手に負担が増えすぎないように配慮が必要ですし、ゆくゆくはきちんと体制を作っていくのが理想ですが、特にはじめのうちは普段一緒に仕事をしている人に協力を仰いで役割分担をできるとあなたの時間負担も減らせるでしょう。5章を参考に、UXリサーチを一緒にやる仲間の増やし方も工夫していきましょう。

上司や同僚の理解がなくても始められる

　予算をかけず設備や機材もすでにあるもので済ませ、30分ほど調査の時間を取るぐらいならば、上司や同僚の理解がなくても始められる方も多いはずです。このように1人でできる範囲で始めたり、業務時間外で試しにやってみるのもひとつの手です。しかし、UXリサーチの文化を組織に根付かせていくためには、どこかで上司や同僚に理解してもらう必要が出てくるでしょう。その場合、上司や同僚がUXリサーチという言葉に馴染みがないのであれば、「UXリサーチ」という言葉を使わずに説明することをおすすめします。たとえば「デザインのヒントを得たい」「現状の課題を見つけて、改善施策の精度を上げたい」などの目的とセットで、「その手段として ユーザーを理解したいので、何人かにお話を聞いてくる時間を業務中に取ります」と説明してみましょう。「UXリサーチをやりたい」とだけいきなりいわれるよりも、上司としても賛同しやすいのではないでしょうか。

実はもう始めていたUXリサーチ

　例として、筆者（松薗）がUXリサーチを始めたときの経験を紹介します。当時、プロダクトマネージャーとして女性向け転職サービスのアプリのリニューアルプロジェクトを任されていました。利用ログを分析してみてどの画面に課題があるのかはわかったのですが、それがなぜなのかがよくわからず困っていました。筆者は新卒入社したばかりで転職の経験がなかったため、ユーザーの気持ちが想像できなかったのです。そこで、まずは社内メールを使って「転職経験のある女性の方、勉強のためにお話を聞かせてもらえませんか」と募集し、数名の方に転職エピソードを聞かせてもらいました。さらに、その活動を知った社内の関係者がクライアント企業の採用担当を紹介してくれました。そして、実際にサービスを使って転職活動し、採用が決まったユーザーの方に直接お話を聞く機会を得られました。当時は質問項目など大して用意もしておらず、ユーザーインタビューのやり方を学んでもいませ

んでした。それでも「ユーザーを理解したい」という情熱だけで臨み、数々の失敗をしながらも次第に慣れていき少しずつうまくできるようになっていきました。このとき、「UXリサーチをやろう」と思っていたわけではありません。ただ、プロダクトマネージャーとしてサービスを良くするために自分が必要だと思ってした行動であり、上司にも「勉強のためにヒアリングを何件か行います」と報告しただけでした。

　次にトライしたのは、ユーザビリティテストでした。社内にメールを送って、そのサービスを使ったことがない方を募集しました。10名ほど調査協力者が集まり、それぞれに30分ほど時間をもらい、そのサービスで求人を検索してもらいました。このとき、特に設備も整っていない状況だったので、下の写真のようにノートパソコンを抱きかかえるスタイルで行いました。これにより、スマートフォンを操作する様子をパソコン上のカメラで録画することができます。

スマートフォンを操作する様子をパソコン上のカメラで録画できる

　分析時には『ユーザビリティエンジニアリング』(樽本徹也／オーム社／［第2版］2014年)を片手に見よう見まねでインパクト分析をやってみて、操作しづらい致命的な部分がいくつか発見できたため、まずはそれらの改善から着手することにしました。ここまでの過程で、サービスの課題はなんとなく見えてきて、さらに筆者がチームで一番ユーザーに詳しくなっていました。

それによって、上司やチームにもリニューアルの方向性のアイデアとその理由を自分なりに説明できるようになっていきました。

　そうして次第に周囲の理解も得られるようになり、少しずつUXリサーチにも予算を使えるようになっていきました。とはいえ、まだ十分な予算があるわけではありませんでした。また、リニューアルに向けて要件を固めていく過程で「検証したい」と思ってからUXリサーチの設計や準備を始めるのでは、予算はもちろん、時間もかかって開発の手を止めてしまいかねませんでした。そこで、限られた予算を最大限効率良く使いつつもスピードを落とさないために、定期的にUXリサーチの日を設けることにしました。当時2週間のサイクルで開発を行っていたため、開発体制に合わせて2週間に1回のペースでプロトタイプを用いたユーザビリティテストを行い、要件策定に活かしていくことにしたのです。これにより、UXリサーチの見通しが立てられるので調査協力者の募集を数ヶ月分まとめて外部の調査会社に依頼し、都度依頼するよりも予算を削減することができました。このときも「UXリサーチをやろう」と思って取り組んだわけではありません。「せっかくみんなの時間を使ってサービス開発をしているのに、自分の仮説が間違えていてうまくいかなかったら申し訳ない」「リリース後に大失敗だった…となるリスクを減らしたい」という不安と、そうはいっても予算も時間も限られる中でできることを模索した結果、取った方法でした。このときの経験は、後にWeekly UXリサーチなどの仕組みを作るときにも活かされています（7章の「Weekly UXリサーチ」参照）。

　これらのユーザーインタビューとユーザビリティテストから得られた気づきからリニューアルの方向性を定めていき、無事プロジェクトを成功させることができました。当時の筆者には高い専門性などなかったですし、予算もはじめはありませんでした。かかった費用は、ユーザーインタビュー時の謝礼と、ユーザビリティテストの協力者を集めるのにかかった費用の合計で40万円程度です。使った設備や機材も普段の業務で使っているパソコンのみでした。時間は多少かけていますが、まず始めたからこそ上司や同僚にも次第に理解をしてもらえるようになりました。このように、「振り返ってみるとあれはUXリサーチだったのか」と思うぐらいのほうが、すんなり始められる場合もあるでしょう。

何から始めるか

　次は、実際にどのようなUXリサーチから始めていくといいのか、3つのケースをご説明します。あなたの状況に合わせて必要なUXリサーチを見極めて始めることで、効果を体感できて周りからの理解も得やすくなるでしょう。

探索のリサーチから始める

　1章 の「UXリサーチの分け方を捉える」で解説したように、探索のリサーチは、課題を把握し何を解くべきなのか調べるための調査です。サービスの課題がいまいちわかっていなかったり、課題は把握しているものの優先順位がつけられていない状態なら、探索から始めるのが良いでしょう。たとえば、すでにリリースしているサービスがあるもののあまりユーザーのことがわかっていない状況であれば、まずはユーザーインタビューでユーザー理解を深めることから始めることをおすすめします。どうやってサービスを知り、なぜ使ってくれているのか、時系列に沿って使い方を聞くことでたくさんの気づきを得られるはずです。また、ユーザビリティテストを行うことで、自分では予想もしていなかった新しい課題が発見できたり、何人も共通してつまづく優先度の高い課題を見つけられたりして衝撃をうけることもあります。頭の中ではユーザーのことをわかったつもりになっていても実際にはぜんぜん違うのだと気づくことで、もっとユーザーのことを学ばなければと思えるようになり、今後のUXリサーチへの意識が変わっていくきっかけにもなるでしょう。

活用例

　探索のリサーチがどういうシーンで役立つのか、具体的に見てみましょう。あなたは既存サービスのグロース担当になったとします。今期の事業目標に対して、サービスをまだ伸ばしていく必要があります。まずは利用ログ分析に着手し、課題のある画面やフローはあたりがついていますが、どんな施策をどういった優先順位でやっていくべきか定められていない状況です。

そのようなときは、まずユーザビリティテストをやってみましょう。その結果から解決すべき課題の優先度を決めて、次は検証に進むと良いでしょう（具体的な手法については4章参照）。

	手法例	調査する内容	期待できる効果
探索のリサーチ	ユーザーインタビュー	サービスを知った経緯や利用時のエピソードを詳しく聞く	ユーザー理解が深まる サービスの価値や課題を把握できる
	ユーザビリティテスト	現状のサービスを使ってもらう	解決すべき課題を把握できる 課題の優先度の参考にできる

検証のリサーチから始める

すでに課題が明らかで解決方法のアイデアもある状況ならば、検証のリサーチから始めるのが良いでしょう。たとえば、コンセプトテストは、まだ粗いアイデアの状態でもデザインや開発の工数をかけずに始めることができます。すでに具体的なアイデアが浮かんでいる状況ならば、プロトタイプを用いてユーザビリティテストを行うのも良いでしょう。

活用例

あなたは新しいサービスを立ち上げようと思っているとします。いくつかサービスのアイデアがあり事業計画や戦略も練っていますが、そのサービスがユーザーに使われなければ絵に描いた餅だと考えています。自分のアイデアは筋が良さそうか試してみたいと思っていますが、まだ1人で検討している段階なのでデザイナーやエンジニアはチームにおらず、サービス開発を始めることは難しそうです。

そのようなときは、コンセプトテストから始めてみましょう。デザインや開発の工数をかけずに簡単に始めることができ、アイデアへの気づきを得られます。その結果を踏まえて、開発に着手するといいでしょう。

	手法例	調査する内容	期待できる効果
検証のリサーチ	コンセプトテスト	アイデアを文章や絵などで提示する	アイデアを磨くためのヒントを得られる
	ユーザビリティテスト	アイデアを形にしたプロトタイプを操作してもらう	コンセプトテストよりも利用実態に近い形でのフィードバックが得られる

すでにあるデータの活用から始める

　ここまで探索や検証のリサーチの始め方の例で紹介したように、UXリサーチというとユーザーインタビューやユーザビリティテストが思い浮かぶかもしれませんが、それは分析に使えるデータがないためデータを取得するところから始めているに過ぎません。使えるデータがすでにあるなら、まずはそれを活用するのもひとつの手です。たとえば、過去の調査結果が残っているならば、まずは読み込むことで多くの気づきを得られるでしょう。カスタマーサポートへの問い合わせデータが蓄積されているのだとしたら、それを整理して活用することもできるでしょう。

活用例

　あなたは部署移動したばかりで、とあるサービスの企画担当になったとします。今後の計画を立てるには、まずは現状を理解することが必要だと感じています。前任者からの引き継ぎ時に、過去に実施したユーザーインタビューの調査結果を共有してもらいました。さらに、マーケティング担当との顔合わせで、以前サービスの認知度やイメージを調査するアンケートを行っていたと教えてもらいました。どうやら役立つデータがいくつかありそうなものの、担当組織ごとにデータの置き場所が散らばっているようです。

　そのようなときは、すでにあるデータの活用から始めましょう。調査をスキップすることで、かかる時間を短縮できます。さらには、ナレッジマネジメントにも取り組んで、散らばっているデータを整理しておくと周りの人が同じように参照したいときにも役立つでしょう（6章参照）。

ひとつでも学びが得られたら前進している

　UXリサーチの成功、というのは定義するのが難しいものです。どんなに調査がうまくいったとしても、その結果をどう解釈してどういったアクションにつなげていくかによっても成果が左右されます。調査というのは一期一会で、調査者と調査協力者がともに作り上げるものであり、他の人がやっていたらもっとうまくいったのかを比較することもできません。成功の定義が難しいということは、失敗も同じです。ユーザーインタビューでうまく深掘りができなかったり、つい誘導的な聞き方をしてしまったりしたとして、だからといってUXリサーチのすべてが失敗したわけではありません。UXリサーチをしたことでひとつでもわかったことがあれば前に進めています。「もっとこうしていたら…」という改善点は山ほど出てくるかもしれませんが、ひとつずつ自分の糧にして次に活かしていけば良いのです。まずは勇気を持って小さく始めてみましょう。

より良いUXリサーチを目指す工夫

　とはいえ、UXリサーチをより有意義な機会にしていくため、どういう工夫をすればよいのかはあらかじめ知っておきたいところでしょう。UXリサーチを始める前や始めたての時期に、上達するためにおすすめの方法を説明します。

ウォークスルーをやってみる

　周りの人に調査協力者になってもらい、ウォークスルー[1]をやってみると良いでしょう。実際にやってみることで、思っていたよりも難しさを感じるかもしれません。しかし、ウォークスルーではいくらうまくいかないことが

あっても大丈夫です。ここでの学びを活かして本番に臨みましょう。

*1：調査をする前に模擬的にやってみることで、問題なく実施できるか、改善点がないかなどを確認する作業のこと。また調査に向けた練習という位置づけになることもある。

自分1人で振り返りする

　ウォークスルーや実際のUXリサーチ本番の音声や動画を残しておき、自分の言動を振り返ってみましょう。終わってから冷静に見ると、手元のメモばかり見て調査協力者と目を合わせられていなかったり、相槌がしつこくうるさく感じたり、何度も言ってしまっている口癖なども気づくかもしれません。こうした気づきや反省も記録に残しておくと良いでしょう。

他の人にフィードバックを依頼する

　もし調査の実施時に同席してくれる人がいる場合、気になった点についてメモしておいてもらえるよう予め頼んでみましょう。誘導的な聞き方をしてしまっていたところや、もっと深掘りしてほしかったポイントなど、自分だけでは気づけない視点でのフィードバックが得られるでしょう。調査の最中にチャットツールなどで連絡を取り合っている場合はリアルタイムに意見をもらうのもひとつのやり方です。しかし、慣れていないうちは進行に集中できず焦ってしまうかもしれないので、後で振り返りの時間を設けるのがおすすめです。

他の人のスタイルから学ぶ

　調査のやり方には十人十色のスタイルがあるので、積極的に他の人の調査に同席して良いところをどんどん取り入れていきましょう。組織の中で同席できる機会がない場合、他社の調査にエントリーしてみて自分自身が調査される立場になってみるのも大きな学びが得られます。筆者（松薗）も始めたての頃は調査会社のアンケートモニターに登録して、複数の調査に参加していました。また、予算的に調査会社にお願いすることができるなら、単に調

査業務をお願いするだけではなくプロフェッショナルから学んで吸収する心持ちで臨みましょう。

調査の実施だけではないUXリサーチのプロセス

　調査の実施はUXリサーチのプロセスの一部に過ぎず、実際は前後に設計・準備や分析などがあります。UXリサーチを始めるときは、プロセスの全体像を捉えた上で、小さく始めて続けられるように心がけましょう。そうすることで「時間が足りなくて中途半端になってしまった」「思ったより時間がかかってしまって辛かった」「数回はできたけど継続できなかった」といったことを避けやすくなります。なお、UXリサーチのプロセスについては、3章で詳しく説明します。

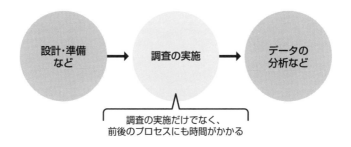

　　　　　　　　　　　調査の実施だけでなく、
　　　　　　　　　　前後のプロセスにも時間がかかる

➕ もっと詳しく学びたいときは

● 『一人から始めるユーザーエクスペリエンス デザインを成功へと導くチームビルディングと27のUXメソッド』(Leah Buley著／丸善出版／2015年)
　UXリサーチを始めるには、UXデザインの理解やスキルの習得も必要になるかもしれません。そんなときにおすすめな本です。特にUXリサーチのやり方が詳しく紹介されている、6章の「ユーザーリサーチ」と8章の「テストと検証」を中心に参照してみてください。それ以外の章もUXデザイン自体の始め方やチームビルディングなど、1人でUXデザインを始めて組織に広げていくための具体

的なメソッドが紹介されています。筆者（松薗）自身もUXリサーチを始めたての頃、この本を片手に携えて実践していました。

本章のまとめ

- [ ] サービス作りにおいて、UXリサーチは手段であり、状況や目的に合わせて活用すること
- [ ] UXリサーチは、専門性、予算、設備や機材、時間、上司や同僚の理解がなくとも1人で小さく始めることはできる
- [ ] うまくいかないことがあっても失敗とは限らず、ひとつでも学びが得られていれば前進している
- [ ] 調査の実施前後にあるプロセスも意識して、小さく始めて続けられるように心がける

メルペイでのUXリサーチの始まり

　メルペイでのUXリサーチの始まりは、親会社のメルカリにおけるUXリサーチの歴史と大きな関係があります。メルカリを立ち上げた当初から、サービス開発のプロセスで周りの人に使ってもらいフィードバックをもらっては改善していく文化がありました。わざわざ「UXリサーチをしよう」といわなくとも、自然と小さく試して改善をしていたわけです。しばらくしてアメリカでも事業を立ち上げるにあたり、現地のサービスや配送事情などを深く理解することが必要になりました。そのときに、現地に足を運んでユーザーインタビューや訪問調査など本格的なUXリサーチを行うようになりました。また、同時期にイギリスでも事業立ち上げを行っており、現地でUXリサーチの専門家がチームに加わってサービス開発を前に進めていたそうです。このように、メルカリというサービスがグローバル展開を目指すがゆえに、アメリカ・イギリスなど現地の生活や文化を深く理解した上でサービス開発を行う必要があったことが、UXリサーチ文化が根付く背景にありました。そして、各地でUXリサーチの重要性を感じたメンバーが日本のメルカリでの開発にも取り入れようと提案し、CEOの「やるならGo Boldにいこう」という一言で、毎週のペースでUXリサーチを行うようになったそうです。

　そこから、メルペイ立ち上げにあたって日本やアメリカ、イギリスのメルカリから異動してきたメンバーが当然のようにメルペイの開発プロセスにもUXリサーチを取り入れたのです。もちろんメルペイには新しく入ったメンバーもおり、当時社内には「UXリサーチなど必要なのだろうか？」と半信半疑のメンバーもいたのかもしれません。しかし、新規事業の立ち上げという不確実性が高い状況にUXリサーチがうまくはまりました。メルペイは初期リリースでiD[2]という決済方法を取り入れましたが、その初期設定のユーザビリティテストを9週ほど連続で行い、はじめは調査協力者のほとんどが作業を完了できないような状態から最後には全員が使える状態まで改善していくことができたのがUXリサーチの効果を体感するひとつのきっかけになったようです。そのような過程を経て、専任のUXリサーチャーを採用しようという話になり今に至ります。

---

[2]：対応のカードや決済サービスなどを、スマートフォンやカードで端末にかざすだけでお支いができる電子マネーのこと。iDは株式会社NTTドコモの登録商標です。

Chapter3
UXリサーチの組み立て方

どうやって調査を企画したら良いの？

本章では、UXリサーチをどのように組み立てていけば良いのかを紹介します。はじめに、UXリサーチがどのようなプロセスで構成されるのかを理解した上で、そのUXリサーチのプロセスに沿った組み立て方を見ていきましょう。

対象となるステージ	1	2	3	4	5
この章を通してできるようになること	UXリサーチのプロセスがわかる 自分でUXリサーチを組み立てられる				

UXリサーチで歩む7つのステップ

　UXリサーチのプロセスは、大きく分けて7つのステップで進んでいきます。本書では説明のためにステップを明示しています。しかし、1人で小さく始める場合には効率を重視して飛ばしたり、さっと進める場合もあります。UXリサーチの全体のプロセスをざっくり把握した上で、あなたが課題だと感じている部分を中心に組み立て方を参考にすると良いでしょう。

　それでは、ここからはそれぞれのステップを簡単に解説します。

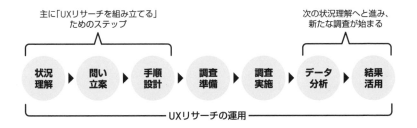

- **状況理解**では、事業背景や課題、ステークホルダーの関係性など、プロジェクトの状況を理解し、なぜUXリサーチが必要なのかを明確にします。
- **問い立案**では、状況を踏まえて、UXリサーチで明らかにしたい問いを立てます。問いを立てるというのは、言い換えるとそのUXリサーチの目的を明確にすることです。ここで問いの認識が合っているかを予め関係者とすり合わせておかなければ、これ以降のステップが台無しになってしまうこともあるため非常に重要です。
- **手順設計**では、問いに対する答えを見つけるために、どのような手順でUXリサーチをするか設計していきます。UXリサーチ全体の進め方や手法の組み合わせ方を考えます。その上で、調査の手順をまとめたガイドなども用意していきます。
- **調査準備**では、設計した手順に基づいて、調査協力者の募集や機材の準備などを進めます。ここは意外と時間がかかるので注意が必要です。
- **調査実施**では、設計した手順に従って、調査を実施します。ここは多く

の人が思い浮かべる「UXリサーチ」のイメージに近いでしょう。問いに答えるためには、このステップで十分なデータが得られることが大事になります。

- **データ分析**では、調査を実施して得られたデータを分析します。得られた膨大なデータを丁寧に見ていき、洞察を得ます。得られた調査結果や洞察を、他の人に伝えるためにまとめる作業もここで行います。また、分析を通して得られた洞察は次のUXリサーチの状況理解や問いの立案につながります。

- **結果活用**では、調査結果や洞察を関係者に伝えます。UXリサーチのプロセスの中でも重要なステップです。UXリサーチからどんなに良い洞察が得られても、実際にその結果が活用されなければ意味がありません。活用できるように予め考えておきましょう。

- **UXリサーチの運用**は、ステップではなくUXリサーチのプロセス全体にかかります。UXリサーチを円滑に進めるためには重要です。UXリサーチの運用について、詳しくは6章で解説します。

組み立て方の概要

ここまでUXリサーチのプロセスの全体像を紹介しました。UXリサーチは調査の実施だけでなく、前後にどのようなステップがあるかがわかっていただけたのではないでしょうか。ここからは、具体的にUXリサーチをどのように組み立てるのかを見ていきましょう。「UXリサーチを組み立てる」とは、UXリサーチの7つのステップのうち、主に状況理解・問い立案・手順設計までの3つのステップを指します。ただし、UXリサーチを組み立てるには、それ以外のステップも含めて俯瞰しながら考えることが必要になります。

UXリサーチを組み立てるときには、大別して2つのパートがあります。ひとつ目のパートでは、UXリサーチをなぜやるのか、何を明らかにしたいのかを明確にするために「状況理解」をした上で「問い立案」し、「結果活用」をイメージします。2つ目のパートでは、どのように明らかにするのかを決

めるために「調査実施」と「データ分析」の手法を選び、調査の「手順設計」をします。そして、実際に調査ができるように、組み立てたプランをもとに「調査準備」に進みます。組み立てるときは、各パートを1回ずつ順に検討するというよりは、何回か繰り返し検討するものだと捉えるようにしましょう。

では、UXリサーチを組み立てるための各ステップを詳しく見ていきましょう。

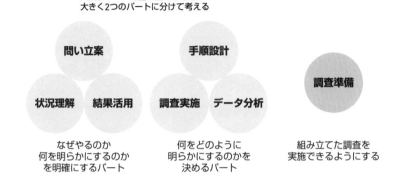

UXリサーチを組み立てるときは
大きく2つのパートに分けて考える

問い立案

手順設計

調査準備

状況理解　結果活用

調査実施　データ分析

なぜやるのか
何を明らかにするのか
を明確にするパート

何をどのように
明らかにするのかを
決めるパート

組み立てた調査を
実施できるようにする

状況を理解するには

UXリサーチを組み立てる前に、まず自分たちが置かれた状況を理解します。具体的には、「プロジェクトの状況」「リソース」「権限」などを確認します。このステップは、なるべく丁寧に進めることをおすすめします。状況を理解することで、自分たちが何がわかっていないのか、何を調べて明らかにするべきなのか考えやすくなります。それらは「問いを立てる」ときに役立てることができます。

プロジェクト
の状況

リソース

権限

UXリサーチを組み立てる前に
まずは状況を理解する

プロジェクトの状況

　プロジェクトの状況を理解するために、そもそも今の事業にはどのような背景があり、事業の状況はどうなっているのかを調べます。たとえば、事業計画や、事業報告を見ます。OKR[*1]がある組織であればそれを確認しておくことも良いでしょう。他にも、業界の動向や、その中での他社の動きなどをデスクリサーチ[*2]することもあります。次に、その事業の中で、UXリサーチを活用したいプロジェクトはどういう状況にあるのかも確認します。たとえば、プロジェクトの責任者を含む関係者にヒアリングを行い、どういう目的で、どのようなことをしようとしているのか、どのような意思決定をする必要があるのか、そのためにどのような判断材料が欲しいと思っているかなどを聞きます。

> *1：目標の設定・管理方法のひとつで、Objectives and Key Resultsの略。すべての従業員が同じ方向を向き、明確な優先順位を持ち、一定のペースで計画を進行することを重視する。
> *2：既存の文献・資料・Webサイトなどからデータを収集し、分析する調査のこと。

　より丁寧に状況を理解する場合には、プロジェクトの責任者だけでなく、プロジェクトに関わるデザイナーやエンジニアなどに話を聞くこともあります。それぞれのメンバーが、どういう考えを持っているかを多視点で把握できるでしょう。他にも、担当者、マネージャー、役員など、役割ごとに誰が誰に指示を受けたり、報告したりするのかを意識して各人の考えを調べることもあります。状況に応じてヒアリングする範囲を広げることも考えてみましょう。たとえば、プロジェクトに関係するミーティングなどに参加してみて議論の様子を見てみます。そこでプロジェクトの利害関係者が多そうな状

況や、関係者ごとに重視するポイントが大きく異なって見える状況であれば、ヒアリングする範囲を広げたほうが良いでしょう。そうでなければ、調査を依頼してきた人に話を聞けば十分です。

リソース

UXリサーチを実施するには、リソースを確保しておく必要があります。しっかり確認しておくようにしましょう。リソースとは、主にUXリサーチに充てられるヒト・モノ・カネのことです。

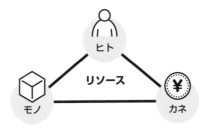

ヒト

ヒトについては、UXリサーチの各ステップでどういう作業が必要になるかを洗い出して、予め担当者を割り当ててみて人員が足りるかを確認します。ユーザーインタビューなどの調査の実施に向けてシフト表を作って、参加できる人を確認しておくといったこともします。ヒトをきちんと確保しておくことで、適切に負荷を分散することができます。なお、1人で調査をする場合には、1人の稼働で無理なくやりきれるかを確認します。難しい場合は調査の規模を見直しましょう。たとえば、兼務で調査をやるのであれば「この調査をしたとして、本務に手が回らなくならないか」を意識します。

モノ

モノについては、自分たちが今使える機材やツールなどを確認します。た
とえば機材としては調査協力者に操作いただく調査用のスマートフォンや、
録画機器などがあります。ツールとしてはプロトタイピングサービス[*3]、分
析用のソフトウェアなどがあります。モノの準備ができなければ大規模な調
査を実施することは難しい場合もありますが、逆に簡単な調査なのに高度な
機材を用意する必要もありません。小さく始めるのであれば、機材は自分が
持っているスマートフォン、ツールは無料で使い始められるプロトタイピン
グサービスで調査の実施と記録はできます。また、分析についても、Excel
やGoogleスプレッドシートを工夫して使えば、高価な分析ツールを契約し
なくても分析ができます。

*3:たとえばFigma(https://www.figma.com/)やPrott(https://prottapp.com/ja/)など。

カネ

カネについては、プロジェクトで使える予算を把握しておき、そのうちど
のぐらいを調査にかけられるかを確認します。大規模な調査はお金がたくさ
ん必要になることもあったり、外部パートナーに委託しないとヒトが足りな
くなることもあります。そういう場合は予め事業計画上の予算に組み込んで
おくことも必要になります。たとえば、外部パートナーに委託する場合にお
金がかかるものとしては「アンケート配信・データ収集(150名へ8問で20
万円〜)」「アンケート結果の分析(単純集計で10万円、統計解析を使う場
合は手法ごとに3万円〜程度)」「ユーザーインタビューをする場合の調査協
力者の募集(1名あたり2万円〜)」「データの書き起こし(2.5万円〜/90分
程度)」「ユーザーインタビューの結果の分析(数十万円〜)」などがあります。
内訳ごとにかかる費用感が異なるので、プロジェクトに必要な範囲と費用感
とのバランスを考えます。

ただし、UXリサーチを始めたてのときに大きな予算を確保するのは難し
いかもしれません。また、駆け出しでいきなり大きな予算がついても、短期
間では期待に応えられないこともあります。そのため、最初はあまり予算を

かけなくても始められるように組み立てることをおすすめします。たとえば、自社サービスのお知らせ機能を使って調査協力者を募集すれば、調査協力者を集める委託費用はかかりません。また、書き起こしや分析も自分で頑張ることで費用を抑えられます。

リソースに合わせて組み立て方は柔軟に考える

これらのヒト・モノ・カネのリソースを把握しておくことで、UXリサーチの組み立て方を変えられます。たとえば、調査の実施に協力してくれるヒトは潤沢にいるもののカネがないときには、できるだけ自分たちでUXリサーチをやろうと考えられます。カネはあるがヒトがいないのであれば、外部パートナーとの協力体制を考えられます（6章参照）。ヒトもカネもモノもないとなれば、まずはスマートフォン一台で1人でできるような小さな調査から始めるようにします。リソースに合わせた調査を組み立てることで、UXリサーチへの期待値を調整したり、UXリサーチを実践する人やチームへの過度な稼働の負担を避けられます。また、これらのリソースを把握しておくと、あなたが組織の中でUXリサーチを続けていくには、この先どのリソースを優先的に確保すべきか見通しを立てることもできます。

権限

UXリサーチをする人やUXリサーチを依頼してきている人の権限の理解も重要です。たとえば、UXリサーチに関わる主なものとしては予算執行、契約、出張などの権限があります。これらの権限がない人がプロジェクトの責任者である場合、必要に応じて権限者への説明と承認が必要になって、時間がかかる場合があります。そのため、そういった時間も加味してUXリサーチのスケジュールを考える必要があります。さらに、権限がなく権限者の理解も得られそうにない場合は、権限者の説得に時間をかけるよりは、権限がなくてもできるUXリサーチを考えましょう。たとえば、謝礼なしでもユーザーインタビューに協力してもらえる方を探し、業務時間内の打ち合わせという位置づけでUXリサーチを始めることもできます。そして、小さくUXリサーチを積み重ねて実績を作りながら周囲の理解を得ていきましょう。それらが

できてきたら、権限者を引き込んでより大きなUXリサーチを計画したり、事業計画に予算を組み込んでもらうことに取り組んでいきましょう。

問いを立てるには

UXリサーチを組み立てる前提となる状況を理解できたら、得られた情報を踏まえて、どんな問いに答えるUXリサーチにするのかを決めます。問いは調査の目的そのものです。問いを立てる前に具体的な調査手法や分析手法に飛びつかないようにしましょう。手法ありきになってしまうとプロジェクトの状況に合わせた問いを立てにくくなります。

問いを立てるといっても、小さく始めるときは壮大な問いである必要はありません。あなたのプロジェクトの状況、リソース、権限などを加味して身の丈にあった「問い」を立てて、関係者と合意しましょう。また、身の丈に合わせるために「明らかにしないこと」も明確にしておきましょう。たとえば、ある問いに焦点を当ててUXリサーチを設計すると、その設計ではどうしても答えることが難しくなる問いがあります。そのような問いは「明らかにしないこと」として整理しましょう。

問いの立て方の例として、メルペイの「eKYC」（Electronic Know Your Customer）という、オンラインで本人確認ができる機能のデザイン事例を紹介します。まず状況としては、eKYCは機能のリリース前であり、利用ログから分析することはできない状況でした。また、開発工数がかかる機能なのでとりあえずリリースして直していくことも難しい状況でした。さらに、日本で利用が許可されたばかりの方式で、かつ先行していた海外とは身分証や法律の違いがあるので参考にできる情報が少なく、ガイドラインや前例もあまりなかったのです。そういった中で、デザインを試しながら洗練させるために多様なユーザーの反応が見たいと考えていました。また、本人確認はそれ自体がサービスの中心的な魅力になるというよりは、サービスを利用するための前提として必要になる機能でした。そのため、当たり前に使いやすいことが重要という認識でした。

　このような状況に対して、「eKYCの利用前や利用中に、ユーザーが使いづらい、使いたくないと感じる要因はなにか？」という問いを立てました。そして、色々なデザインを繰り返し試しながら調査を進めることにしました。逆に「量的に要因の深刻度を評価することや、試した複数のデザイン自体を比較評価すること」は明らかにしないと決めました。つまり「何人中何人が指摘したからこの要因は深刻だ」や「何人中何人がOKだからこちらのデザインが良い」など、単純な量的な議論には調査結果を使わない、としました。なぜなら、この調査ではデザインも調査協力者も多様になるので、どのような要因が多く発生したかを量的に判定することは困難だからです。もし量的な分析も実施しようとする場合、UXリサーチに必要なリソースが大きくなります。また、関係者のUXリサーチに対する期待値も上がるので、結果の活用の難易度も上がることになります。このような事情を鑑みつつ明らかにしないことを決めました。

　この事例で紹介したように、どのような問いにするかはプロジェクトの状況に密接に関わっていて、ケースバイケースです。また、明らかにしたいことによって適した手法も異なります。7章で紹介する事例において、それぞれどのように状況を理解して問いを立てたのかも書いているので、そちらも合わせて読むと感覚がつかみやすいでしょう。

結果の活用を考えるには

　UXリサーチを通して何を明らかにしたいのかを明確にするために、「調査結果がどのようにプロジェクトで活用されていくのかを明確にイメージすること」が効果的です。何を明らかにすることでどのような意思決定を起こしたいのか、どのようにプロジェクトを前進させたいのかを踏まえて、どのような調査結果がどのように共有されると活用しやすいのかを考えます。関係者と話し合って、結果の活用イメージの共通認識を持てるようにしておきましょう。

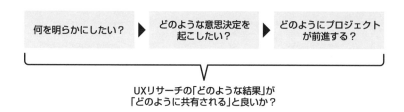

　また、どのように調査結果を活用したいのかに応じて、用いると良い手法が変わることもあります。結果の活用と手法の選択は並行して検討を進めましょう。もし、結果の活用イメージに沿った手法を自分たちでは見つけられないときは、活用イメージを描き直すか、そもそもの問いを立て直しましょう。「せっかくここまで考えたのに」と思うかもしれません。しかし、調査を実施したにもかかわらず調査結果が全く活用できなくなるよりは、この段階で見直した方が小さい手戻りで済みます。

　活用イメージを考える他の方法として、アウトプットイメージを明確にしてみるのも良いでしょう。調査結果をどのような詳細さで、どのような表現にするか考えます。たとえば、「ペルソナ」で表現する、「カスタマージャーニーマップ」で表現する、といった方法を検討します。（どのような手法をどのようなときに使うと良いかについては、4章の「質的データの分析手法とは」で説明します）。

その他に、調査結果を活用してもらうにはどのような共有方法を用いるのかも、関係者と事前にすり合わせておけると良いでしょう。共有方法がわかれば、どのタイミングで誰を呼ぶ必要があるのか、どの程度の稼働を割いてもらうのか、どれぐらいのスケジュールが現実的なのか、などを考える材料にできます。たとえば具体的には、「調査や分析作業に同席してもらって共有する」「レポートにして共有する」「ワークショップ[*4]を開催することで共有しながら議論する」といった方法があり、それぞれ長所短所があります。それぞれの共有方法の特徴をつかんでいきましょう。

*4:関係者が集まって関係者が主体となって共同作業をすること。

調査・分析作業への同席を通して共有する

　UXリサーチは終わってから報告会を開くイメージもありますが、関係者の時間が取れるなら、調査や分析作業に参加してもらうことも効果的です。ユーザーを理解する上で一次情報に勝るものはありません。同席して記録を取ってもらったり、見学室を用意したり、ライブ配信をしたり、動画としてアーカイブを残したりと、できるだけ一次情報に触れられるように工夫しましょう。他にも、分析作業に参加してもらうことで、どういう人がいたのか、得られたデータを分析者がどのように解釈しているのかを関係者間で吟味できます。ただ、すべての分析作業に参加するには多くの時間が必要になります。ヒトのリソースを鑑みて分析作業の一部分だけ参加してもらうなどの調整をすると良いでしょう。

レポートで共有する

　UXリサーチの結果を読みやすいレポートにすることで、UXリサーチに参加していなかった人にも効率良く情報を伝えられます。また、レポートをためていくことで後からいつでも参照できるようになるので、関係者と継続的な関係を構築するときに役立ちます。レポートの表現としては、忙しくて全部目を通せない人向けにサマリーをつける、データを詳しく見たい人には動画や議事録を用意するなど、関係者が欲しい情報の詳細度に合わせて読めるようにしておくと、より読んでもらいやすくなります。たとえば、筆者が実施している「Weekly UXリサーチ」（7章参照）では、以下の構成で結果を共有しています。

　①案件名
　②調査協力者の概要
　③サマリー（案件ごとの考察を要約したもの）
　④調査協力者の詳細な属性
　⑤案件ごとの目的、提示した資料、結果、考察

　前半の①〜③は忙しい人でも5分ぐらいで読みきれるようなまとめ方を心がけています。そして④〜⑤はプロジェクトに関わっている人たちが読み込んで、今後の検討に活かせるように詳細に記述します。もちろん、プロジェクトの状況に応じてまとめ方は変わりますが、誰でも数分で読めるサマリーと、読みたい人が読み込める詳細な結果と考察、という構成はほとんどのレポートで共通しています。

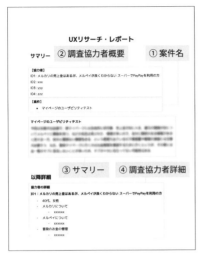
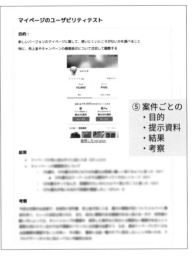

レポートにまとめることで実施内容・結果・考察をわかりやすくする

ワークショップで共有・議論する

レポートも効果的な方法ですが、それだけでは具体的にどうアイデアを出していけば良いかわからないことがあります。また、一次情報に触れた人と比べると情報が伝わりきらないこともあります。そうすると、気持ち的には調査結果を活用したいのに具体的な行動に移せない状態になりがちです。そういうときには、ワークショップを検討してみましょう。一方的に調査結果を情報共有するよりも、UXリサーチの学びをさらに深めて具体的な次の行動につなげやすくなります。たとえば、ユーザーがどのようなタッチポイントでどのような気持ちになっているか、どのような課題を持っているかを明確にしてからアイデア出しをしたいとします。そういうときは、カスタマージャーニーマップを関係者で作り上げるワークショップが使えます。調査結果をカスタマージャーニーマップ（4章参照）で整理しながら理解を深めた上で、タッチポイントごとにアイデアを考えられます。このように、立てた問いや調査結果の活用イメージを意識しながら、どのような対話ができると効果的かを考えてワークショップを組み立てるようにします。

調査手順を考えるには

　状況を理解した上で問いを立て、結果の活用イメージも明確になってきたら、次にその問いに答えるための手順を考えます。具体的には、調査対象を考え、調査・分析手法を選びます。その上で、どのようなスケジュールで調査を進めるのか、どのように調査を実施するのか、を検討します。それぞれについて解説します。

調査対象を考えるには

　UXリサーチにおいて調査協力者を決める作業はとても大事です。たとえば、サービスのコンセプトが想定ユーザーの課題解決に役立つのか調べたいときに、想定ユーザーと全く異なる人を対象にすると、参考になるデータを得にくくなります。具体的に「肌が弱くてケアに悩む方のスキンケア」について取り組んでいる状況を考えてみましょう。そこに肌が強くて全く悩みがない人を対象に調査して、「私にはそのスキンケアは必要ない」といわれても参考にはできません。一方で、UIについて「書いてある文字が目に入るか」や「使いたいかは別として操作を完了できるか」といった部分を調べる場合は事情が違います。調査協力者が想定ユーザーかどうかというよりは、調査協力者の普段使っているデバイスやサービスに対する知識、視力、手指の器用さなどが妥当かが重要になります。このように、どのような問いを明らかにしたいのかによって適切な調査協力者は変わるのです。また、必ず実際のユーザー

を呼ばなければならない、ということもありません。たとえば、使いたいかは別として操作を完了できるかを見たいなら、組織の中でその操作に詳しくない人に協力してもらい調査をすることでも課題が洗い出せます。逆に、たとえ実際のユーザーであっても、調査対象の操作に非常に慣れている人に協力してもらってもあまり課題を見つけることはできないでしょう。

　たとえば、「問いを立てるには」で紹介したeKYCの事例では、使いやすさに関する調査だったので「eKYCが魅力的かどうか、そのためにeKYCをやりたいと思うか」というよりは、「操作としてeKYCを問題なく完了できるか、期待より簡単に操作を終えられる感覚を得られるか」という部分が重要だと考えていました。そのため、あえて調査協力者を絞り込まず、20代から60代、スマートフォンに慣れている人から慣れてない人まで、eKYCを使う可能性がある方を幅広くお呼びすることにしました。これによって、使いづらい、使いたくないと感じる要因を広く洗い出すことができました。

調査・分析手法を選ぶには

　ここまで検討が進んできたら、いよいよ具体的に用いる調査手法と分析手法を考えます。筆者は、調査手法はデータを取得するために使うもの、分析手法は得られたデータを分析するために使うものと捉えています。状況を理解して問いを適切に立てられたとしても、調査手法と分析手法を適切に選べないと、期待する結果や洞察を得ることが難しくなります。また、リソース面から見たときに、小さなリソースでできる手法もあれば、大きなリソースが必要になる手法もあります。問いに答えられるのか、自分たちのリソースの範囲内でできることなのかを意識しながら、手法を選ぶようにしましょう。その上で、手法を具体的にどのように使うかを設計していきます。たとえば、ユーザーインタビューという手法を用いるのであれば、質問項目や時間配分などを詳細に考えていきます。なお、UXリサーチで使える手法と、それらが効果的な状況については4章で説明します。また、筆者が実際にどのような状況でどのような手法を使って調査をしているかは、7章の事例の中で説明しますので、参考にしてください。

調査のスケジュールを考えるには

　状況を理解しておくことで、いつまでにどのような調査結果が必要かはある程度わかります。その時期に間に合うようにスケジュールを考えます。どんなに質の高い調査をしても時期を逃せば活用されません。選んだ手法を実施するのにどれぐらいの時間がかかるかを見積もりましょう。また、時間がかかるのは調査の実施だけではありません。準備にも、結果を活用しやすい形にまとめることにも時間がかかります。

　たとえば、アンケートであれば対象となる調査協力者を集めるための準備に時間がかかります。また、得られたデータを整理してグラフ化するなど、関係者が読みやすい形にまとめるのにも時間がかかります。最初は、時間感覚がつかめず、見積もりが難しいこともあるでしょう。4章でいくつかの手法については必要な準備や手順についてまとめています。それらを参考にまずは自分で小さく試してみながら時間感覚を養うようにしましょう。

組み立てたプランをまとめて、準備を進める

　1人で調査を始めるにしても、組み立てたプランは調査企画書にまとめておくことをおすすめします。筆者の使っている調査企画書をコラムで紹介しているので参考にしてみてください。調査企画書は、なるべく統一されたフォーマットで残しましょう。設計がブレにくくなりますし、準備の抜け漏れを減らすことができるからです。他にも、次の調査の参考にしたり、他の人とレビューをし合うこともできます。

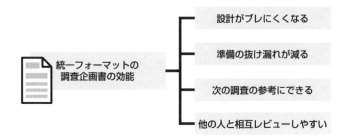

調査の実施手順を具体化する

　組み立てたプランを調査企画書にまとめたら、選んだ調査や分析の手法を具体的にどのように進めるのか、実施手順を具体化します。実施手順はガイドとしてまとめておくと良いでしょう。そして、ガイドができたら模擬的に調査手順を試してみます。たとえば、関係者に調査協力者役をしてもらいます。ガイドにまとめた手順通りにやってみて、うまくいかないところや、手順から漏れていたことなどを洗い出します。また、調査協力者役から、わかりにくかった点などフィードバックをもらいます。それらの結果をまたガイドに反映するようにします。なお、筆者が使っているガイドのテンプレートを付録として用意したので、ダウンロードしてご利用ください。

明らかにしたいこと				
対象者				

時間	資料	説明・質問事項	ID1の記録	ID2の記録
		事前説明		
		調査すること1		
		手順1		
		観察観点		
		―		
		質問すること		
		―		
		手順2		
		―		
		質問すること		
		―		
		…略…		
		クロージング		

手順をまとめるガイドの例

　また、自分が作った手順でも時間がたてば忘れます。本番で緊張のあまり頭が真っ白になってしまうこともあります。実施手順を整理しておけばそういう状況にも対応しやすいでしょう。その他にも、ガイドがあると他の人が

手順を理解するときに役立ちます。急病で調査をする担当者を突然交代しなくてはいけない、などの不慮の事態にも備えられます。

前に作った
手順の詳細を
忘れてしまった！

本番で緊張してしまい
頭が真っ白に
なってしまった！

急きょ調子が悪くなり
交代を頼まないと
いけなくなった！

ガイドを準備することで、
これらのリスクを低減できる！

　ガイドに手順を書くときは、調査の前後の流れまで含めてまとめます。たとえば、ユーザーインタビューであれば「どのように調査協力者を迎えるのか」「最初の挨拶はどうするのか」といったところから「謝礼をご案内するタイミング」「最後にお見送りするときはどうするか」といったことまで書いておきます。

　分析手順についても、詳しく書かれた書籍など、参照できる資料を手元に用意しておきましょう。特に手法に慣れないうちは手順を間違いがちです。途中まで分析してから間違いに気づいたとなれば、大きな手戻りになります。

　ここまでで述べたように、手順はなるべく書き出して整理しておくことが良い準備になることは間違いありません。しかし、短期的に見るとこれらの作業はコストにもなります。小さく始める際に「手順を完璧に整理してから始めなくては」と思う必要はありません。あなたの状況に合わせて徐々に整理していくようにしましょう。長期的には間違いなく効率化ができるので、あなたや仲間を楽にすることにつながります。

調査協力者を集める準備を進める

　調査を実施するための準備の他にも、「リクルーティング」という調査協力者を募集、確定して、実際に調査に参加してもらうための準備作業が必要です。その中で、調査協力者の条件を決めて合致する人を絞り込むための作

業である「スクリーニング」もします。スクリーニングでは、事前アンケートを準備し、候補者に回答してもらい、回答を確認して条件に合う人を探すといった作業をします。また、これらの作業を調査会社に依頼する場合には前もって契約しておく必要もあります。せっかく実施の準備はできたのに、調査協力者を集められなかった、とならないようにしましょう。なお、リクルーティングを効率的に行うための工夫については6章で詳しく説明します。

本章のまとめ

- [ ] 手法に飛びつく前に、UXリサーチが求められている状況を理解して問いを立てることを優先する
- [ ] UXリサーチの結果をいつまでに、どのように活用したいのかを最初に見通して組み立てると良い
- [ ] 調査企画や手順はなるべく具体化して備えておくと調査の質を上げたり、リスクを低減できたりする

調査企画書ってどう書けばいいの？

　初めて調査企画書を作る方のために、筆者が使っているテンプレートと、実際のプロジェクトをもとにした具体的なイメージを紹介します。テンプレートはダウンロードしてお使いください（付録参照）。

調査企画書のテンプレート

【状況理解（背景）】
- 事業上どのような課題があるのか
- 調査結果からどのようなアクションをしたいのか

【問い（目的）】
- 何を明らかにするのか

【対象】
- どのような人を対象にするか

【手法】
- 具体的な調査手法、分析手法

【調査項目】
- どのようなことを調べるか

【活用イメージ】
- どのようなアウトプットにまとめるのか
- そのアウトプットを誰がどのような意思決定に活用するのか

【スケジュールと担当者】
- 何を、いつまでにやるのか
- それは誰がやるのか

【費用】
- 何に対していくらの費用がかかるか
- 費用負担は誰がするのか

実際の調査企画書

【状況理解（背景）】
- 前回の調査では、調査協力者がメルペイを利用開始したばかりの方に偏ってしまっていた
  - もっとメルペイが日常に溶け込んでいる継続利用者を対象にしたい

【問い（目的）】
- 日常的にメルペイを使ってくださっている方がなぜ使い続けてくださるのか、どのように利用が拡大していったのかを明らかにする
  - 使えるお店をどのように認知したのか？
  - どういった使い方をしているのか？
  - 他の決済手段との使い分けはどのようにしているのか？

【対象】
- キャンペーンに関係なく利用しているセグメント（6名）
  - キャンペーンに関係なくメルペイを利用し定着している
- キャンペーンで利用開始したセグメント（4名）
  - これまでのキャンペーンは認知未利用だったが、前回のキャンペーンがきっかけで利用を開始し定着している

【手法】
- デプスインタビュー
  - リモートで実施

【調査項目】
- メルペイを日常的に利用するに至るまでのプロセス
  - 使えるお店の認知
  - 利用業態の変化
  - 使い方の学習プロセス
  - 何に価値を感じたのか？
  - etc.（詳細は別資料のインタビュー参照）
- キャンペーン関連
  - キャンペーン概要や条件は伝わっているか？
  - なぜ今回参加しようと思ったのか？

- キャンペーン後も使い続けているのはなぜか？

【活用イメージ】

- ［開発チーム］サービスの改善施策に活かす
- ［マーケティングチーム］次回キャンペーン設計に活かす
- ［データアナリストチーム］継続率の定量分析に、今回の定性分析を組み合わせることで精度を上げる

【スケジュールと担当者】

- スケジュール
  - プレキックオフ　　　　　　　　　3/12〜
  - 調査協力者の抽出データすり合わせ　3/17〜
  - キックオフ・詳細確定　　　　　　4/6〜
  - スクリーニング用アンケート設計　　4/6〜
  - 配信　　　　　　　　　　　　　　4/13〜
  - 調査協力者の日程調整　　　　　　4/15〜
  - デプスインタビュー（10名想定）　4/20~
  - データ分析　　　　　　　　　　　5/11~
- 担当
  - データ抽出（データアナリスト）
  - アンケート作成（UXリサーチチーム）
  - 配信手配/スケジュール調整（UXリサーチチーム）
  - インタビュー（PM/UXリサーチチーム）
  - 記録（外部パートナーに委託）

【費用】

- 謝礼○○万円
- 速記○○万円

調査企画書の解説

　調査企画書を作るポイントとしては、はじめから完璧に作ろうとするのではなく、関係者と対話をしながらアップデートしていくことです。とはいっても、何も決まってないところから話し合いながら作ろうとすると時間がかかってしまいます。筆者は調査企画書をおおよそ作ってから、方向性のすり合わせや詳細化をするようにしています。

　まずは今回なぜこの問いに取り組むのか背景がわかるように、状況理解のところでこれまで何が明らかになっており、逆に何が明らかになっていないのかを記載しています。その上で、立てた問いを簡潔に記します。特に明らかにしたい観点を箇条書きで書いていますが、ここは調査項目に記載してもいいでしょう。

　調査対象は2つのセグメントを想定していたため、具体的にイメージしている条件を詳細に記載しています。ここに希望条件を一度書き出してみて、データアナリストに相談しながら調査協力者の抽出データを詳細化します。実際には難しい条件もあるので、一度書き出してみてすり合わせるのがいいでしょう。

　次に手法はデプスインタビューを選択しています。そして調査項目については、キックオフのときに関係者が知りたいことをアイデア出しして書き加えることが多いです。さらに、このとき「調査の結果をどのようにプロジェクトへ活かしたいのか、そして成果につながるのか」を考えておくことが重要です。その上で、アウトプットイメージをすり合わせましょう。きちんと成果につなげるために、じっくり時間をかけて対話をしながら取り組みましょう。

　はじめの状況理解の段階で、ある程度リソースやスケジュールなどを理解しておき、調査の全体像が見えてきたら細かく詰めていきます。最後に忘れてはいけないのは費用面です。予算に制約があることをはじめに考慮していなければ、後で調査企画自体を見直さなくてはならないことにもつながります。また、どこの組織が費用を負担するのかも予め相談しておきましょう。

Chapter4

UXリサーチの手法を知る

どんな手法があるの？

UXリサーチで活用できる手法はたくさんあります。どのような目的のときにどの手法を使うと良いかを理解していきましょう。本章で紹介する手法は、どれもひとつの手法だけで一冊の本になってしまうぐらい深みのあるものです。各手法の紹介では参考文献をつけているので、より詳しく知りたい方はぜひ参照してみてください。

対象となるステージ	1	2	3	4	5
この章を通してできるようになること	UXリサーチの手法を知ることができる 適切な手法を選択できる				

本章で紹介する手法

　UXリサーチには様々な手法が使われますが、ここでは筆者がよく活用する手法として、**ユーザーインタビュー**、**ユーザビリティテスト**、**コンセプトテスト**について主に紹介します。また、概要の紹介にとどまりますが、アンケート、フィールド調査、ダイアリー調査のほか、質的データの分析手法も紹介していきます。新しい手法を覚えるとつい使いたくなるものですが、UXリサーチの目的を忘れず、目的に合う手法を冷静に選ぶように心がけましょう。なお、3章で述べた通り、調査手法は主にデータを取得するために使うもの、分析手法は主に得られたデータを分析するために使うものとします。

手法名	活用できる場面	種別
ユーザーインタビュー フィールド調査 ダイアリー調査	一人ひとりの調査協力者を深く 調べたい時に （主に探索のリサーチ）	調査手法
アンケート	調査対象となる集団を量的に 調べたい時に （主に検証のリサーチ）	調査手法
ユーザビリティテスト コンセプトテスト	プロトタイプを用いて仮説の 検証・課題の発見をしたい時に （検証・探索のリサーチ）	調査手法
KA法　SCAT　mGTA　KJ法	質的データを詳細に 分析・構造化したい時に	分析手法
ペルソナ カスタマージャーニーマップ	ユーザー目線でデータを わかりやすく 表現したい時に	分析手法
サービスブループリント	サービス全体の視点から データをわかりやすく 表現したい時に	分析手法

ユーザーインタビュー

ユーザーインタビューとは言葉の通り、ユーザーにインタビューすることを通して、データを得る方法です。

どんなときに使うと良いか

ユーザーインタビューのメリットは、調査協力者から深く詳細にお話を聞けることにあります。調査目的に合わせて、特定の出来事や、そのときどのように感じたかなどが聞けます。予め用意した質問をするだけでなく、相手の人となりや回答に合わせて知りたい部分を柔軟に深掘りできます。また、言語情報だけでなく、ボディランゲージや表情といった非言語情報も得られます。今までにない視点を得たい、仮説を立てるためのヒントを得たい、といった探索をしたい状況に役立ちます。一方で、量的なことを知ることは難しいです。たとえば、ユーザーインタビューを通して発見したことを量的に調べたい場合には、アンケートなどを組み合わせると良いでしょう。

いつ・どこで・何が
起きたかなど、柔軟に
深掘りができる

言葉以外にも、表情や
ボディーランゲージも
含めた情報が得られる

組み立て方

ユーザーインタビューには目的に合わせて、いくつかのやり方があります。ここでは、UXリサーチで使う方法を中心に紹介します。

一対一で行うか、一対複数で行うか

ユーザーインタビューをするときは、インタビュアーと調査協力者は一対一で行うか、一対複数で行うのかを考えます。まず、一対一で行う**デプスインタビュー**は、1人の話を深く聞くことを重視する手法です。ただし、一人ひとりに対してインタビューをするので時間がかかります。次に、一対複数で行うインタビュー方法に、**グループインタビュー**という手法があります。グループインタビューは、同時に複数人の意見を聞くことができ、また調査協力者間で相互作用して活発な意見交換を引き出せます。一方で、声の大きい人の発言がきっかけで場の雰囲気が偏ってしまう、ということもあります。

UXリサーチの実務では、一人ひとりの意見を理解することを重視しているのでデプスインタビューを用いることが多いです。

デプスインタビュー　1:1
1人の話を深く聞く
個人の意見が出やすい
その分、時間がかかる

グループインタビュー　1:複数
複数人の意見を聞く
参加者間で相互作用がある
発言力のある人がいると意見が偏る

質問することをどれぐらい決めて臨むか

ユーザーインタビューの進め方にはいくつかの種類があります。たとえば、構造化/半構造化/非構造化インタビューという種類です。**構造化インタビュー**は一問一答で、予め用意していた質問以外はせずに進めます。これによって、インタビュアーのレベルによる属人性をなるべく排除できます。複数の調査協力者に対して全く同じ質問を投げかけるので、それぞれの回答を比較しやすくなります。次に、**半構造化インタビュー**はある程度質問項目の用意はしつつも、調査目的に合うなら、予め用意していない質問項目であっても柔軟に質問項目を変えたり、加えたりしながら進めます。構造化インタ

ビューよりも臨機応変に、興味深いエピソードや体験について深掘りができます。調査協力者一人ひとりの興味範囲や経験に合わせて、発見が増えそうな部分を重点的に聞いていきます。一方で、質問をその場で考えたり、時間配分に気をつけたりする必要があり、インタビュアーにはスキルが求められます。最後に、**非構造化インタビュー**は、質問項目を用意しない方法です。調査協力者に自由に話してもらい、その発言をより深く理解するための質問をしていきます。インタビュアーが想定しえない視点から情報を引き出せることがあります。しかし、半構造化インタビューよりもさらに高いスキルが必要です。また、得られたデータは人によってばらつきが大きいので、分析にも時間がかかります。

　筆者の実務では、調査目的の明確さや時間的な制約を考慮して、半構造化インタビューを用いることが多いです。7章のケーススタディ「maruhadaka PJ」でデプスインタビューを使っている事例を紹介しています。具体的な質問項目の準備などは、そちらも合わせて読んでみると良いでしょう。

名前	概要	質問の自由度	データの一貫性
構造化	一問一答のように質問項目を用意しておき、基本的には用意した質問以外はしない。	×	◎
半構造化	予め質問項目は用意しつつも、項目にないことも柔軟に質問して情報を引き出す。	○	○
非構造化	予め質問項目は用意せず、インタビュアーが事前に想定しえない視点から情報を引き出す。	◎	×

質問項目を考える

　構造化/半構造化インタビューをする場合は、予め質問項目を洗い出しておきます。ここでは簡単に、デプスインタビューの質問項目の作り方について触れておきます。

　まず、予め立てた問いを明らかにするために、どのような質問をすると良いかを、思いつく限り書き出します。ここでは質より量を優先して、なるべく数多く出すようにしましょう。ひとつの質問を思いついたら、5W3Hの観点でさらに広げていくのがおすすめです。

〈5W3H〉

- what（何が、何を）
- when（いつ）
- where（どこで）
- why（なぜ）
- who（誰が、誰を）
- how（いかに）
- how much（いくら）
- how often（どのくらいの頻度で）

このとき、1人で考えるのではなく、UXリサーチに関わる人が集まって複数人で考えるとより多様な視点から質問項目を洗い出せるでしょう。その他にも、サービスに関して聞きたいことだけでなく、「そもそもどういう人なのか」「どういう生活をしている人なのか」といった、調査協力者の趣味嗜好や生活などを理解する質問項目も重要です。

質問項目を洗い出したら次は分類をしていきます。似たようなトピックになりそうな質問をグルーピングをして、ラベル（トピック名）をつけていきます。

そしてトピック名を見ながら、どのような優先順位で聞いていくかを決めます。このとき、時間的な制約から聞けない質問も出てくる可能性があります。優先順位が低い質問を削りながら時間内に収まるように調整していきます。最初はそれぞれの質問に対してどれぐらい時間がかかりそうか見立てるのが難しいと思うので、ウォークスルーをしながら調整するようにしましょう。また、質問によっては後の質問にバイアスを与えてしまうものがあります。たとえば、サービスに関する良い経験についてたくさん聞いた後に、「サービス全体にどんなイメージを持っているか」と質問したとします。そうすると全体としても良い印象を答えやすくなります。このように、どのような順番で聞くとバイアスを与えにくいかを意識することも必要です。

質問項目を可能な限り書き出す	▶	グルーピングをしてラベル（トピック名）をつける	▶	優先順位や聞く順番を決めて質問項目を調整する

実施手順

質問項目を考えたら、次はいよいよユーザーインタビューの実施です。UXリサーチのプロセス（3章参照）において、調査の実施は分析のためのデータを得る重要なステップです。ここではデプスインタビューを実施する流れ

を序盤、中盤、終盤の3つのフェーズに分けて理解していきましょう。

序盤

　調査をするときの大前提として忘れてはならないことは、調査倫理を意識することです。調査協力者に不利益を与えないよう、調査の内容を説明して、参加同意を得ることが重要です。どのようなデータを取得するのか、データの保管方法などの取り扱い、取得したデータに対する権利・利用範囲・利用目的、参加が任意であること、中断・中止による不利益が発生しないことなどを説明して書面で同意を得ましょう。未公開の情報を調査協力者に見せる場合には、秘密保持契約を結びます。

　また、調査協力者が不快になることはしないように心構えをします。たとえば「謝礼を払っているのだから、こちらの都合に調査協力者が合わせるのが当然」といった考え方は禁物です。できるだけ中立な立場で臨むことも重要です。あなたが欲しい回答があっても、ぐっとこらえて回答を誘導しないように心がけます。話に割り込んだり、反論したりせず、調査協力者が思った通りのことを話せるようにします。そして、調査協力者の話を「つまりこういうことですよね」などとまとめる必要もありません。調査を始めるときに、これらの意識が大事であることを強く認識しておき、調査の序盤から終盤まで一貫して忘れないようにしましょう。

　調査の序盤では、調査協力者が自分の考えを素直に話せるようにラポール[*1]を築けるように心がけましょう。ユーザーインタビューでは、回答が世間一般的に正しいかどうかではなく、調査協力者が主観的にどう思っているかを引き出すことが重要だからです。調査協力者に敬意を持って接し、興味を持って傾聴するように心がけます。具体的には、前のめりな姿勢を取ったり、ほど良く頷いたり、目を見たりすることは効果があります。いきなり本題に入るのではなく、まずは誰しもが身の丈で答えやすい、住んでる地域のことや、休みの日にしていることなど、軽い話題から入って場を和ませるのも良いです。

*1：話し手と聴き手の間に築かれる信頼関係のことを指す。フランス語で感情的な親密さやお互いに信頼がある状況を表す単語。

中盤

　調査協力者とのラポールが構築できたところで、いよいよ本題に入っていきます。ユーザーインタビューは調査協力者が話す場です。せっかくの機会を最大限活用するために、インタビュアーの発言は最小限にすることを心がけ、調査協力者の話を引き出すことに努めましょう。ユーザーインタビューで使えるテクニックを次項にまとめたので、ぜひ合わせて読んでみてください。

　ときには調査目的から話が脱線することもあります。面白くてついつい聞きたくなってしまうかもしれませんが、予め検討していた質問項目の聞き漏れがないように話の流れを修正しつつ制限時間の中で調整します。また、ユーザーインタビュー中に沈黙が生じるとインタビュアーが気まずく感じてついつい話しすぎてしまうことがあります。質問の意図がわからず困っているのか、答えを熟考しているのかなど、どういった沈黙なのかを見極めましょう。沈黙は必ずしも悪いものではありません。

終盤

　終盤では、これまで聞いてきた内容について解釈が間違っていないか確認したり、聞き忘れていたことや新たに追加したくなった質問をしたりします。または、「最後に言っておきたいことはありますか？」「サービスについて伝えたいことはありますか？」などと聞いてみるのも手です。インタビュアーが思ってもいなかったことをポロッと話してくれることがあります。また、自分の言いたかったことを伝えられるので、調査協力者の満足感も高まるようです。

　終了時には、必要な説明事項を忘れずに伝えましょう。たとえば謝礼の手続きや、何かあった際の問い合わせ先などです。また、手続きがない場合は「これ以上のお手続きは必要ありません」と伝えておくと安心感につながります。調査へご協力いただいたことに感謝を伝え、笑顔でお見送りするようにしましょう。

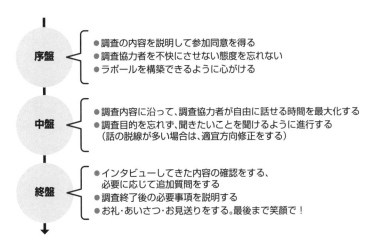

序盤
- 調査の内容を説明して参加同意を得る
- 調査協力者を不快にさせない態度を忘れない
- ラポールを構築できるように心がける

中盤
- 調査内容に沿って、調査協力者が自由に話せる時間を最大化する
- 調査目的を忘れず、聞きたいことを聞けるように進行する
  （話の脱線が多い場合は、適宜方向修正をする）

終盤
- インタビューしてきた内容の確認をする、
  必要に応じて追加質問をする
- 調査終了後の必要事項を説明する
- お礼・あいさつ・お見送りをする。最後まで笑顔で！

テクニック

　最後に、ユーザーインタビューで使えるテクニックをいくつか紹介します。調査協力者がより話しやすい雰囲気を作り、深くお話を聞けるようにして、良いデータを得られるようにしていきましょう。

インタビューテクニック	どのような時に使うとよいか
オープンとクローズドな質問を組み合わせる	質問に答えやすくするため
5W3Hで深掘りする	「なぜ?」と聞くよりも、より具体的な回答を得やすくするため
オウム返し	傾聴の姿勢を示しつつ、協力者の発言を促すため
似ているものを挙げてもらう	比較してもらうことで、特徴を聞き出すため
リフレーミング	思ってもいなかった視点で考えてもらうため
間接的な一般論で聞く	プライベートな質問に踏み込む前の準備をするため
複数の選択肢を提示する	誘導的な質問をしそうになったときに、誘導を和らげるため

クローズド・クエスチョンとオープン・クエスチョンを組み合わせる

クローズド・クエスチョンはyes/noで答えられる質問、**オープン・クエスチョン**はyes/noで答えられない質問です。クローズド・クエスチョンは答えやすく、ユーザーインタビュー序盤で導入として質問するのに適していますが、話を広げたり、引き出したりすることは難しいです。目的に応じて、クローズド・クエスチョンとオープン・クエスチョンを組み合わせていきましょう。

- クローズド/オープン・クエスチョンを組み合わせる聞き方の例
  「晴れの日は好きですか？」（クローズド）
  「晴れのときってどんな気持ちになりますか？」（オープン）
- オープン・クエスチョンを続ける聞き方の例
  「今日の天気は、どんな天気だと思いますか？」（オープン）
  「そのような天気のときって、どんな気持ちになりますか？」（オープン）

5W3Hで深掘る

何か深掘りしたいトピックがあるときは、5W3Hを意識してみましょう。たとえば「パンケーキが好き」という答えがあったとして、「なぜ好きなの？」と聞くのもありですが、「パンケーキの何が好き？」、「パンケーキをどこで食べてる？」「パンケーキはどんなときに食べるのが好き？」など、少し具体的に問いかけると、より詳しく聞くことができます。ただし、聞きたいトピックに対して5W3Hによるクエスチョンがすべてマッチするとは限らないので、取捨選択しながら使いましょう。

オウム返し

オウム返しは、調査協力者が言ったことを繰り返す聞き方です。これによって、調査協力者に対して話を聞いているという姿勢を示したり、さらなる発言を引き出したりすることもできます。ただし、何度もオウム返しを繰り返すと不快に感じてしまうことがあるので、繰り出す頻度には注意が必要です。

オウム返しの例
- 調査協力者：パンケーキを食べるのは、生きがいなんですよ。
- インタビュアー：生きがいなんですか。
- 調査協力者：はい。私にとっては、今度はどこのパンケーキを食べに行こうかなって調べたり、考えたりする時間も生きがいなんです。

似ているものを挙げてもらう

「それはどういうものに似ていますか？」など、似ているものを考えてもらって、話を引き出す方法です。ただし、似ているものがパッと思い浮かばないこともあるので、そういうときには、「無理に考えず、思いつかない場合は、思いつかないと言っていただいて大丈夫ですよ」などと伝えて、調査協力者が無理して答えを作らないようにしましょう。

リフレーミング

リフレーミングは、「〜と仰っていましたが、〜しているようにも思います、いかがですか？」など、これまでと視点を変えて問いかけてみる方法です。ただし、リフレーミングは相手の考えにバイアスをかけてしまう場合もあります。序盤というよりは、一通り話し終わってもう一歩深掘りしたいときに使うとよいでしょう。

間接的な一般論で聞く

「お金を借りることについてどう思いますか？」など、直接的には聞きづらいことを聞くときに使う方法です。調査協力者は一般論を言っているつもりでも、特徴的な考えを引き出せることがあります。ただし、社会的に望ましい回答をしようとして、個人としては全く思っていないことを言ってしまう場合もあります。最初は一般論として聞きつつも、それについて「ご自身だったらどう思いますか/どうすると思いますか」など、自分ごととして置き換えて考えてもらう質問を組み合わせるのも良いでしょう。

複数の選択肢を提示する

　複数の選択肢を提示することで、答えやすくする方法です。誘導的な聞き方になりそうなときに、和らげる効果もあります。たとえば「それはポジティブな印象ですか？」とだけ聞かれると、「いえ、そうではなくて…」と否定しづらくなるかもしれません。そんなとき、「お持ちの印象はポジティブですか？ネガティブですか？それともどちらでもないですか？」などと選択肢を提示します。「どのような印象ですか？」とざっくりした質問をされるよりも、どんなことを答えてほしいのかというインタビュアーの質問の意図が伝わり答えやすいでしょう。ただし、選択肢を提示してしまっているので、回答の範囲を狭めている点に注意しましょう。たとえば、調査協力者がポジティブ・ネガティブという軸以外で独自の印象を持っていたとしても、知りえません。基本はオープン・クエスチョンを使っていきましょう。

🞢 もっと詳しく学びたいときは

● 『マーケティング/商品企画のためのユーザーインタビューの教科書 』（奥泉 直子 他著／マイナビ出版／2016年）
　ユーザーインタビューの計画、準備、実施、考察のそれぞれのプロセスが丁寧に説明されていて、初めての一冊としておすすめです。
● 『ユーザーインタビューをはじめよう　UXリサーチのための「聞くこと」入門』（スティーブ・ポーチガル著／ビー・エヌ・エヌ／2017年）
　タイトルの通り、UXリサーチのためのユーザーインタビューの方法が詳しく紹介されています。記録の取り方や結果の活用方法なども参考になります。

ユーザビリティテスト

　ユーザビリティテストとは、ユーザビリティ（使いやすさ）を評価する方法です。ユーザビリティにはいくつかの定義がありますが、たとえばヤコブ・ニールセン氏が提唱したものでは次の5つの観点があります。

- **学習のしやすさ**
  ユーザーがそれをすぐ使い始められるシステムか
  簡単に学習できるようになっているか
- **効率性**
  一度学習すれば、あとは高い生産性を上げられるか
  効率的に使用できるようになっているか
- **記憶のしやすさ**
  ユーザーがしばらく使わなくても、再度使用する際にすぐ使えるように覚えやすくなっているか
- **エラー発生率**
  エラーの発生率を低くできているか
  エラーが起こっても回復できるようにし、かつ致命的なエラーは起こらないようになっているか
- **主観的満足度**
  ユーザーが個人的に満足できそうか
  ユーザーが楽しく利用し、好きになれそうか

どんなときに使うと良いか

　サービス全体や特定の機能、画面の使いやすさを向上させるために、どのような課題があるかを洗い出すときに役立ちます。実施タイミングとしては大きく分けるとリリース前・後の2つがあり、リリース前に行うメリットとしては、開発着手前に課題を見つけて修正できるため手戻りが少なく済む点

が挙げられます。また、リリース後にも継続して行うことも重要です。実際にユーザーがどのように使っているかという利用実態を理解することで、今後の機能追加や改善のヒントを得られるでしょう。

	リリース前	リリース後
利用シーン	●サービスのフロー全体を通して、大きな課題がないか確かめたい ●特定の機能や画面の使いやすさを改善したい	●ユーザーの利用実態を把握したい ●利用ログ上課題がありそうな特定の機能や画面について、原因を探りたい
用意するもの	●プロトタイプ ●開発環境	●本番環境
メリット	●開発着手前に課題を見つけ、手戻りを減らすことができる ●リリース前に致命的な課題を発見できる	●今後の機能追加や改善のヒントを得られる

組み立て方

探索と検証

2章で説明したように、ユーザビリティテストは探索と検証どちらにも適した手法です。まずは状況理解から始めて、ユーザビリティテストを行う目的を整理しましょう。たとえば探索が必要な状況ならば、まずは現状のサービスを使ってもらい解決すべき課題を洗い出し、優先度を決めて、その解決アイデアをプロトタイプにして次回のユーザビリティテストで検証するといった進め方が良いでしょう。すでに課題が特定できていて、仮説もある状況なら、検証から始めましょう。

タスクとシナリオを設計する

ユーザビリティテストでは、調査協力者にタスクを実行してもらい、その過程を観察することで学びを得ます。調査協力者に何を行ってほしいのか、タスクを言語化しましょう。そのタスクを実行中、注意深く観察したいポイントを整理しておくことも重要です。また、そのタスクを行うにあたってどういう状況を想像すると良いか、シナリオも考えておくと良いでしょう。

シナリオ	あなたは、テレビ番組でスマホ決済が特集されているのを見て気になりました。そんなとき、普段使っているアプリでもスマホ決済ができるのだと知りました。早速使ってみようと思い、コンビニに足を運びました。
タスク	コンビニでどうやってお支払いをするか、実際にやってみてください。

実施時間の目安

サービスのひとつの機能についてユーザビリティテストをするのであれば、1件20分から30分程度あれば十分です。筆者は前半にユーザーインタビューを30分ほど行った後、複数のユーザビリティテストを3件ほど続けて入れて合計で90分、といった時間構成で実施しています。

気軽に反復できるようにする

筆者がユーザビリティテストを行う場合は、毎回調査協力者を集めるところから始めるのではなく、定例のUXリサーチに組み込んで実施しています（7章の「Weekly UX リサーチ」参照）。「その機能を使いたいか」といった欲求を調べるならば調査協力者を想定ユーザーに絞る必要がありますが、ユーザビリティはユーザーみんなに関わるものです。そのため、多様な調査協力者から反応を得ること、そして探索と検証を繰り返せるスピードを重視しています。有名な話として、ヤコブ・ニールセン氏の「5人のユーザーでテストすれば、ユーザビリティ問題の85%を発見できる」という説があります。たとえば合計で15人にテストをするとしたら、ユーザビリティテストを15人に一挙にやるより、5人に実施して改善するというサイクルを3回繰り返したほうが課題を洗い出しやすくなります。

書画カメラを活用する

スマートフォンで操作する様子を観察するには、書画カメラを利用すると
よいでしょう。写真のように、指の動きも含めて観察することができます。

実施手順

1. 事前インタビュー

調査協力者自身のことや、タスクに関連する背景情報など、モデレーター[*2]
が予め把握しておきたいことを聞いておきます。特に、タスクに関連する経
験がこれまであるかはタスク実行の結果を左右します。仮にタスクがスムー
ズに完了したとして、それはサービスが使いやすかったからなのか、単に調
査協力者に経験があって慣れていたからなのかは推測できるように情報を得
ておきましょう。

> *2:調査協力者へタスク説明や質問などを行う進行役。

2. タスクの実行

調査協力者にシナリオを説明し、タスクを実行してもらいます。ただ口頭
で説明するだけではなく、シナリオやタスクを文字にした提示資料も用意し
ておくと良いでしょう。調査協力者がタスクを実行している間は、じっくり
観察に努めます。

3. 事後インタビュー

まずはタスクをやってみた感想を教えてもらい、観察時に気になったこと

があれば質問します。

実施時のポイント

思考発話をお願いする

　調査協力者に操作しながら考えていることを発言してもらうようにお願いすると、観察時の理解が深まります。これを思考発話と言います。「ひとりごとを言うみたいで恥ずかしいかもしれませんが、どういうことを考えていらっしゃるのか、何に悩まれているのか参考にしたいのでつぶやきながら操作してもらえますか？」とお願いしてみましょう。

　「YouTuberになったつもりで、説明しながら操作してもらえますか？」と伝えるのもイメージしやすくおすすめです。ただ、慣れていない方にとっては難しい場合もあります。沈黙が続いてしまった場合、思考を促すために「今何を考えていらっしゃいますか？」とこちらから質問を投げかけるといいでしょう。

ぐっとこらえて観察する

　ユーザビリティテストでは、シナリオとタスクを教示した後は、なるべく自由に操作してもらうようにします。一通り操作が終わったら、振り返りながら、わからなかった点や迷ったポイントなどを教えてもらい深掘りしていきます。

　もし、調査協力者が使い方を勘違いしていたり、操作に非常に苦労していたりすると、途中でサポートをしたくなるかもしれません。しかし、そこはぐっとこらえて観察に徹します。また「これはどういう意味ですか？」「このボタンは押したらどうなるんですか？」などと質問されたときは、「合ってる合ってないは気にしなくて良いので、あなたのイメージを教えていただけますか？」と逆質問をするなどの工夫をして、自分自身で考えてもらうよう促しましょう。こうすることにより、どういう風に捉えているのかという調査協力者の認知の仕方を理解しやすくなり、サービス上のユーザビリティ課題を洗い出しやすくなります。

目撃者を増やす

　ユーザビリティテストで使いづらそうにしていたり、不満を述べたりしているのを見るのはときにはショックなものです。しかし、多くの人がユーザビリティテストの目撃者となり、自分の思い込んでいる使いやすさと他の人が感じる使いやすさは異なるのだという事実に気づくことは、使いやすいサービスを目指すにあたって大きな第一歩となります。そのため、筆者はユーザビリティテスト実施中の様子を中継し、実施後も参照できるよう動画を残すようにしています。

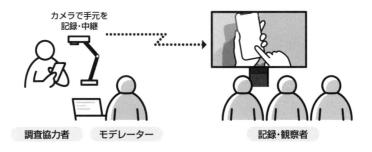

注意点

準備は念入りに

　プロトタイプを用いてユーザビリティテストを行う場合、事前に必ずウォークスルーを行い遷移や表現に間違いがないかを確認しておきましょう。筆者の携わるスマホ決済や金融のサービスにおいては、プロトタイプ上に表示する金額の整合性には気を使っています。調査協力者は普段と異なる環境においてプロトタイプを操作するため、表示されている金額を参考に画面間の情報のつながりを理解していく傾向がありました。このように、事業領域やサービス特性によってプロトタイプ作成時の注意点は異なるでしょう。

タスクの実施順序に注意する

　ユーザビリティテストで複数のタスクをお願いする際は、実施順序に注意が必要です。調査協力者はタスクの実行を通してサービスについて学習をしていきます。そのため、前のタスクがヒントになってしまうことがあります。また、前のタスクで学習したことが、次のタスク実行時にかえって混乱を招いてしまう場合もあります。まっさらな状態でやってほしいタスクははじめに行い、ある程度サービスについて学習が進んでも問題ないものを後から行うようにしましょう。さらに、調査協力者が複数のタスクを実行しても混乱しないように、なるべく全体を通して自然なシナリオになるように考慮することも重要です。たとえば「今は1月だとします」といった日時の設定や、「○○円使っているとします」といった金額の設定などは、複数のタスクで統一したほうが混乱を生まないでしょう。

　ここまで説明してきたように、タスクを通して学習が進むことを考慮すると、2つのアイデアを単純比較するのは難しいことも想像できるのではないでしょうか。よくある相談として、「AとBどちらがよいか比較をしたい」といったものがあります。これに対してA→Bといった順序でタスクを行ったとします。調査協力者はまずAを見た時点で、そのサービスについてある程度学習してしまいます。そしてAで体験したことや得た知識を前提にBを見るため、Aを見たときのように新鮮な気持ちで体験することはできません。実際にこのような相談があった場合、検証には限界があり、あくまで参考程度の情報にしかならないということを事前に伝えた上で、結果の取り扱いにも注意するようにしています。

良い悪いの結果だけに囚われない

　ユーザビリティテストは「テスト」という名前はついているものの、学校のテストのように時間内により多くのタスクを正確に完了できるかどうかを測るものではありません。単にタスクの完了率やユーザビリティの良し悪しを評価するだけではなく、ユーザビリティテストを通して学びを得て、より良いサービスを目指すことが重要です。結果だけにとらわらず、どういうアクションにつなげていけるかを大事にしましょう。

➕ もっと詳しく学びたいときは

◉『ユーザビリティエンジニアリング原論 ユーザのためのインタフェースデザイン』（ヤコブ・ニールセン著／東京電機大学出版局／［第2版］2002年）
　ユーザビリティとはそもそも何か、ユーザビリティテストをどのようにやれば良いか、その方法がなぜ良いといわれているのか、などを学術的な背景も含めて学ぶことができます。

◉『UXリサーチの道具箱II ユーザビリティテスト実践ガイドブック』（樽本徹也 著／オーム社／2021年）
　より実践的な本としては、こちらがおすすめです。これを読めば、一通り実行できるでしょう。

◉「Ergonomics of human-system interaction ― Part 11: Usability: Definitions and concepts」
　https://www.iso.org/obp/ui/#iso:std:iso:9241:-11:ed-2:v1:en
　ユーザビリティの標準をおさえておきたいときにはISOを参照すると良いでしょう。こちらのサイトに詳しく書かれています。

コンセプトテスト

コンセプトテストは、実際にサービスを作り始める前に現状の仮説やアイデアがユーザーのニーズを満たす可能性があるのか、魅力的に思ってもらえそうなのかを検証できる調査手法です。質的/量的リサーチどちらでも活用できる手法ですが、本書では質的リサーチにおけるコンセプトテストを紹介します。

コンセプトテストで用意するものは、コンセプトボード、ストーリーボード、ビデオなど様々な形式があり、それぞれ効果が異なります。メリットとしては、早い段階で工数をかけずに仮説検証が行えることが挙げられます。たとえばコンセプトボードであれば、紙やスライドを用意するだけでも十分学びを得ることが可能で、デザインや開発の工数をかけずに誰でも実施できます。サービスのイメージ図や写真、想定している利用シナリオ、そのサービスでできることなどを簡潔に記載するだけです。

例として、本書のコンセプトボードを考えてみました。想定ユーザーにこのコンセプトボードを提示して、「利用シナリオのような悩みを実際に抱えているのか？」「本書でできることは、お悩みに答えられるのか？」などを検証すると、魅力的に思ってもらそうだと手応えを感じられたり、あまり筋が良くなさそうなので方向性を変える必要があると気づけるかもしれません。

idea **UXリサーチの実践が学べる本**

利用シナリオ

- あなたはUXリサーチに取り組み始めたばかりです。周りに教えてくれる人がおらず、今やっていることが合っているのか不安な日々です。
- そんなとき、UXリサーチの実践が学べる本が出たことを知りました。

できること

- UXリサーチの捉え方、始め方、組み立て方、手法などを学ぶことができる。
- UXリサーチの文化を育むために、一緒に取り組む仲間の増やし方、続けられる仕組みの作り方のtipsを知ることができる。
- 事業会社でのケーススタディから、実践的なノウハウを得られる。

どんなときに使うと良いか

サービスの戦略や要件を検討するフェーズで実施するのがおすすめです。たとえば、メルペイでは「おくる・もらう」のサービス戦略や、マーケティングプランを検討するために活用しました（7章参照）。コンセプトテストは、一度やったら終わりというものではありません。得られた学びをもとにコンセプトを改善したり、方向転換をして違うコンセプトを試してみたりと繰り返しながら改善していくことをおすすめします。

実施手順

1. 事前インタビュー

調査協力者に関して予め把握しておきたい情報を、事前インタビューで聞きます。たとえばその分野についてどの程度知識や経験を持っているかなどは、結果に影響してくるため確認しておきましょう。

2. コンセプトの提示

コンセプトを読み込んでもらい、印象や疑問点などを自由に話してもらいます。

3. コンセプトの評価

最後に、予め用意していた評価軸を提示し5段階評定などでコンセプトを評価してもらいます。たとえば、本書のコンセプトボードに対してアイデアのわかりやすさと利用意向を知りたい場合、以下のように提示するとよいでしょう。その上で、評価をした理由を詳しく聞いていきます。

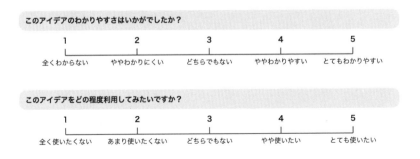

複数のコンセプトがある場合は、相対的に評価をしてもらうことでも学び
が得られます。

　コンセプトに対しての良い・悪いといった反応や、5段階評定の結果の数
字だけに囚われないようにしましょう。それよりも具体的にどういうときに
使いそうか、どれぐらいの頻度で発生しそうか、そのとき他に代替手段はあ
るのかなど、ユーザーが置かれている生活背景や、どういう経験からそのよ
うに考えるのかといった具体的なエピソードや考えを聞きながら、そのニー
ズを探ることが重要です。

　また、ユーザーがその欲求を持っているのかどうかによって、コンセプト
に対する反応は大きく異なります。たとえば、UXリサーチを始めたての方と、
UXリサーチを10年以上実践している方に本書のコンセプトボードを提示す
ると、それぞれ反応は異なるでしょう。そのため、調査を組み立てる段階で
仮説や想定ユーザーを明確にし、調査の対象は念入りに考える必要があります。

もっと詳しく学びたいときは

●『UXデザインの教科書』（安藤昌也 著／丸善出版／2016年）
　コンセプトテストに限らず、UXデザインに必要なことが網羅されています。
ぜひ手元に置いておきたい一冊です。つまづいたポイントやわからない単語を
索引から探しながら学んでいくと良いでしょう。
●「Concept Tailor：ストーリーボードを用いた反復型サービスコンセプト具体
　化ツール」（草野孔希、大野健彦、白坂成功／2016年）
　https://ci.nii.ac.jp/naid/170000130905/
　ストーリーボードをどのように表現し、どのような調査をすれば良いのか、
初学者向けにコンパクトにまとめた手法も提案されています。
●「コンセプトテスト、SurveyMonkey」
　https://jp.surveymonkey.com/mp/concept-testing/
　コンセプトテストの概要やテンプレートを公開しているので参考にできます。

アンケート

　アンケートとは質問紙調査のことで、主に予め用意した質問項目に答えてもらう方法です。もともとは質問紙を配って回答を集めていましたが、最近では、インターネット経由で電子的に回答を集めることが増えています。アンケート調査については何冊も本が出版されている広く深い領域で、学べる本も出ています。参考文献をのせているのでぜひ参考にしてください。ここでは、ざっくりどのような流れで進めるものなのか、概要を説明します。

どんなときに使うと良いか

　アンケートは量的に仮説を検証したり、対象となる集団の実態がどうなっているかを把握したり、集団間の比較をするときに用います。また、ユーザーインタビューなどの調査協力者を募集するために用いることもあります。ただし、量的データとはいっても回答者の主観による回答であって、利用ログなどの客観的なデータとは異なります。そのため回答者が質問の意図を汲み取れているか、適切に回答できているか注意して取り扱いましょう。

組み立て方

　ここからは、筆者のアンケートの進め方を一例として紹介します。

計画を立てる

　アンケートを実施するときも状況の理解が重要です。調査の目的や仮説、調査結果からどういうアクションを起こしたいのかを関係者としっかりとすり合わせ、アンケートという手法を用いることを合意しましょう。

　また、アンケートは実際に回答が集まるまでの時間もかかります。余裕を持った計画を立てて、関係者と意識を合わせておきましょう。たとえば、筆者がアンケートを実施する場合、計画から結果を共有するまで、スムーズに

進められて10営業日ぐらいはかかると見立てています。外部の調査会社と協力して進める場合は、1ヶ月程度の期間は見積もるようにしましょう。

対象者を定義する

アンケートに回答してほしい人を絞り込むことをスクリーニングと言います。たとえば、文房具の利用実態に関するアンケートで、文房具を全く使わない人に回答してもらっても、期待する情報は得られないでしょう。このように、調査の対象者を定義し、適切にスクリーニングを行うことが重要です。

具体的には、まずスクリーニングのためのアンケート（スクリーナー）に回答してもらい、条件に当てはまる人だけに続けてアンケートを配信して回答してもらう方法があります。もしくは、はじめからサービスの利用ログなどをもとに対象者を選んでアンケートを配信して回答してもらう方法もあります。

次に、アンケートの配信数についても考えます。定義した対象者から必要な回答数を得られるように配信します。ユーザーから直接回答をもらう場合には、回答率を予測しながら配信数を決めます。たとえば、10代、50代とユーザーの年代ごとにアンケートを回収する必要があるとしましょう。ユーザー数でいうと10代は少なく50代は多い、逆にアンケートの回答率は10代は高く50代は低いとします。このとき、単純にランダムに回答候補者を抽出すると、ユーザー数が少ない10代の回答が増えてしまい実際の分布とズレます。もしかすると、50代の回答数が少なすぎて分析が難しくなるかもしれません。そこで、回答数が実際の分布に合うように、また十分な回答数が集まるように、50代のユーザーに多めにアンケートを配信する計画を立てることになります。なお、必要な回答数を正確に考えるには、標本調査について学ぶことをおすすめします。

質問を設計する

計画が立てられたら、次にアンケートの質問を作成します。回答者のプロフィールを聞く質問、サービスの利用状況を聞く質問、仮説の検証のための質問など、計画時点ですり合わせたアクションに役立てられるように、逆算しながら質問を考えることが大切です。

このとき、たくさんのことを聞きたくなりますが、アンケートの質問数が多くなるほど回答率は下がります。回答する側の立場で見れば、長々と続くアンケートはうんざりして途中で閉じてしまいます。その他にも、質問が多くなるほど回答が適当になってしまったり、前の質問が後の質問への回答に影響を及ぼしたりと、回答自体の質が落ちることも気に留めながら質問を設計しましょう。また、質問が読みやすい文章になっているか、答えやすい選択肢になっているか、勘違いするような表現がないかを確認しておきましょう。

実施手順

アンケートを配信する

配信する対象者を決め、アンケート項目も決まったら、いよいよアンケートを配信します。アンケートを回収する場合、最近ではオンラインツールで回答を回収する方法が一般的です。筆者は、Google フォームやSurveyMonkey（https://jp.surveymonkey.com）を使っています。ただし、対象者がオンラインツールの利用に慣れていない場合は、紙などで調査することも視野に入れましょう。

アンケートの配信については、自社サービスの会員にメールやアプリの通知でお知らせする方法があります。また、調査会社に依頼し、アンケートモニターへ配信してもらう方法もあります。この場合は、希望した回答数に到達するまでアンケート配信をしてもらえます。

実施した結果を分析する

アンケートの回答が集まったら最後に分析をします。まず、回答の分布に偏りがないかなどをチェックしておきます。その上で、計画の時点ですり合わせたアクションに役立てられるように、結果の分析と表現を考えましょう。たとえば、集団の特色や傾向を明らかにしたり、質問間の関連を分析したりします。また、比較をする場合に検定をして有意な差があるといえるかなどの確認もする場合もあるでしょう。分析した結果を表現するときは、グラフなどを用いて視覚的にわかりやすく伝えることを考えます。

注意点

アンケートの質問作りについて、アンケートをプロジェクトのアクションの役に立てようとするあまり、都合の良い回答が集まるように質問文の表現を歪めてしまっていないか注意しましょう。自分自身で注意することは大事ですが、それだけでは限界もあります。たとえば、プロジェクトに直接関わっていない人に、客観的にレビューしてもらうことも良いでしょう。

次に、アンケートの配信について、回答者の偏りに注意が必要です。たとえば、サービスのユーザー全体の傾向を知りたいときに、サービスのユーザーからランダムに対象者を抽出してアンケートを配信したとします。すると、前述した年代の差以外にも好意的なユーザーが積極的に回答したり、逆に強い不満があるユーザーが積極的に回答したりと、回答者の分布が偏る可能性があります。そのため、調査目的に合致する対象となる集団を明確にする、アンケートの回答者が集団の代表として適切で偏りがないかを確認する、などの注意が必要です。

もっと詳しく学びたいときは

今回紹介したステップはあくまで概要です。アンケート調査は本当に奥深いので、ぜひ参考文献を読んでみてください。

『マーケティングリサーチとデータ分析の基本』(中野崇 著／すばる舎／2018年)
インターネットを使ったアンケート調査についてわかりやすく書かれているので、全体像を把握したいときに読むと良いでしょう。

『すべてがわかるアンケートデータの分析』(菅民郎 著／現代数学社／［新版］1998年)
アンケート結果の分析が学べる本です。集団の特色や傾向を明らかにしたり、質問間の関連を分析するとはどういうことかを学ぶことができます。

『社会調査法入門』(盛山和夫 著／有斐閣／2004年)
社会調査の入門書です。量的に集団を推定するには、社会調査という分野の方法 が参考になります。

フィールド調査

　フィールド調査は、調査対象の生活や仕事の現場、実際にサービスが使われている場所などを訪れて調査を行う方法です。その場所で使われている道具や資料を集めることもあります。ここでは3つのフィールド調査の方法を説明します。

参与観察

　調査対象の生活や仕事の現場に入り込み、ともに活動に参加しながら観察する方法です。たとえば、筆者（松薗）はアルバイト求人サービスの企画を担当していたとき、参与観察として1年間カフェでアルバイトをしていたことがあります。これにより、アルバイト採用のやり方や悩みを深く知ることができました。また、調査対象について広くデータが得られるのも特徴で、そのカフェでは店長が普段どのような業務をしていて、そのうちアルバイト採用業務はどのぐらいを占めているのかという全体像や文脈を把握することができました。ただし、調査に膨大な時間がかかることと、調査を行う人自身がその現場に入り込みすぎて、分析する際に思い入れや主観が強くなってしまうことには注意が必要です。

訪問調査

　調査対象の生活や仕事の現場を訪問し、調査する方法です。たとえば、7章で紹介している「maruhadaka PJ」の事例では、ご自宅で普段どのようにお金の管理をしているのかを実際に見せてもらいました。このように、調査対象の生活や仕事の実態を知ることができ、参与観察と比べると時間は短く済むので実務でも取り入れやすいでしょう。一方で、調査対象の自然な振る舞いが見えにくくなったり、やや観察できるシーンが限られるという側面もあります。

行動観察

　様々な現場に赴き、そこで行われていることやその背景を観察する方法です。たとえば、スマホ決済サービスがよく使われている店舗に足を運び、お支払いの様子をつぶさに観察します。これによって、サービスの利用実態やそれを取り巻く環境をうかがい知ることができ、サービス改善のヒントを得られるでしょう。一方、観察だけでは行動の背景を汲み取りきれない場合もあるため、行動観察後にユーザーインタビューと組み合わせることも考えると良いでしょう。

どんな時に使うと良いか

　主に探索のリサーチに適しており、よりリアルな生活実態や無意識の行動からヒントを得て新しいサービスを検討したいときに活用するといいでしょう。前述したユーザーインタビューは、調査協力者が意識して言語化できる範囲しか知ることができません。しかし、日頃人が生活や仕事でルーティンで行っていることは無意識に行われていることが多いものです。フィールド調査を活用することで、そのような無意識の行動や取り巻く環境について理解を深め、データを集めることができます。さらに、サービスの利用状況だけではなく、人の生活や仕事の全体像や環境も知ることができ、より多角的に人を理解したり、サービスの位置づけを理解することができます。時にはオフィスや自宅を飛び出して、現場に足を運ぶことを大切にしましょう。

もっと詳しく学びたいときは

●『フィールドワークの技法　問いを育てる、仮説をきたえる』（佐藤郁哉 著/新曜社/2002年）
　どのようにして実際にフィールド調査を行えばいいのかという疑問に答えてくれる手引書のような本です。著者が実際に行った調査の体験談も紹介されています。
●『「行動観察」の基本』（松波晴人 著/ダイヤモンド社/2013年）

ただ観察して分析するだけではなく、そこで得た洞察をもとにどのようにソリューション提案につなげるかという観点が重視されています。実際のビジネスの現場での活用事例も紹介されていて、実務に役立つ本です。

ダイアリー調査

　ダイアリー調査は、調査協力者に日々の生活やサービスの利用実態について一定期間継続して記録をとってもらう調査方法です。調査したいテーマやサービスに関連する行動と、その時の状況や思考を知ることができます。さらに、時系列での気持ちの変化を捉えることができるのも特徴です。文字での記録だけではなく、写真を撮ってもらう場合もあります。

どんな時に使うと良いか

　主に探索のリサーチに適しており、サービス利用時間全体を捉えたいときに活用するといいでしょう。「maruhadaka PJ」の事例では、1ヶ月間のダイアリー調査と訪問調査を組み合わせることで利用実態の理解をより深めることできました（7章参照）。ただし、調査協力者に記録をとってもらうのに一定期間を要するため、計画的に組み立てておく必要があります。

もっと詳しく学びたいときは

●『Research & Design Method Index - リサーチデザイン、新・100の法則』（ベラ・マーティン、ブルース・ハニントン 著／ビー・エヌ・エヌ新社／2013年）
　ダイアリー調査の例が写真とともに紹介されています。UXリサーチを活用するための100もの法則が載っている本で、手法の引き出しを増やしたい方に役立ちます。

質的データの分析手法とは

　UXリサーチでは質的データをしっかり取り扱えることが重要です。質的データ分析の特徴のひとつに「分析結果に分析者の主観的な解釈が入ること」が挙げられます。同じデータと同じ手法を使ったとしても、別の分析者が分析すれば異なる結果になり得ます。だからこそ、はじめのうちは定められた手順に沿って分析することが重要です。分析の過程を可視化することで、「なぜこういう解釈をしたのか」という問いに対して、「なんとなく」ではなく「こういう手順で至った結果である」と説明できるようになり、解釈を吟味しやすくなります。このような性質を理解した上で、質的データの分析手法の概要を見ていきましょう。

KA法

　KA法は質的データを分析、モデリングする分析手法です。もともとは浅田和実氏が編み出した手法で、安藤昌也氏がアレンジしたものがUXデザインの現場でも広く使われるようになりました。KA法では**KAカード**と呼ばれるフォーマットを用いて、以下のような手順で行います。

1. 出来事を抜き出す
　調査で得た質的データから、ユーザーの行動や発言などを抜き出して出来事欄に記入します。
2. 心の声を想像する
　出来事に対して、ユーザーの心の声を推測して書きます。
3. 価値を導き出す
　心の声に基づいて、価値の仮説を書き出します。これで1枚のKAカードができあがります。
4. モデリングする
　KAカードをグルーピングしたり、関係性を記述したりして、モデリング

を行います。

　この手法の良い点は分析の過程をさかのぼれることです。その価値はどの出来事から導き出されたのかを辿ることができるため、複数人で分析をする場合もフィードバックをしながら進められます。また、KAカードを使うことで、モデリングの際も手を動かしながら試行錯誤がしやすいことも特徴です。

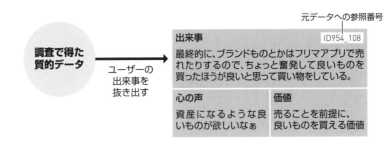

KA法で作るKAカードの例
参考：安藤昌也「ヒューマンインタフェース学会 SIG-DE UX デザインセミナー@ IMJ」
https://www.slideshare.net/masaya0730/ss-37855016

どんなときに使うと良いか

　KA法は比較的初心者でもやりやすい方法です。ワークショップ形式でチームの議論を活性化しながら進めるのもいいでしょう。従来は、KAカードを印刷しておき、模造紙に貼っていく方法が用いられていましたが、オンラインでもMiroやFigmaなどのデザインツール上で実施できます。

➕ もっと詳しく学びたいときは

● 「KA法を初心者が理解・実践するための研究」
https://www.jstage.jst.go.jp/article/jssd/63/0/63_229/_pdf/-char/ja
　KA法をどのように工夫することで初心者でも理解・実践しやすいかが議論されていて、参考になります。
● 「安藤研究室ノート」http://andoken.blogspot.com/2011/11/ka.html
　安藤昌也氏のゼミのブログを見ると、データ取得からKA法での分析、その後の価値マップの作成まで、プロセス全体が理解しやすいです。

SCAT

SCAT（Steps for Coding and Theorization）は大谷尚氏によって開発された質的データを分析する方法です。ある程度のまとまりで切ったデータをテキストの欄に記載し、以下の4つの手順でコードを考えて付していきます。これをコーディングといいます。

1. データの中の着目すべき語句

   テキスト欄を読み、気になる語、疑問に思う語などを抜き出す。

2. 1を言い換えるためのデータ外の語句

   1で書き出した語句を言い換えるような、一般化した語句を記入する。

3. 2を説明するための語句

   さらに2を説明できる概念、語句、文字列を記入する。

4. 浮き上がるテーマ・構成概念

   1〜3を通して浮かんできたテーマや概念を記述する。

■■■■■年■■月
インタビューアー:■■■■ インタビュイー:■■■■

番号	発話者	テキスト	(1)テキスト中の注目すべき語句	(2)テキスト中の語句の言いかえ	(3)左を説明するようなテクスト外の概念	(4)テーマ・構成概念（前後や全体の文脈を考慮して）	(5)疑問・課題
1							
2							
3							
4							
5							
6							
7							
番号	発話者	テキスト	(1)テキスト中の注目すべき語句	(2)テキスト中の語句の言いかえ	(3)左を説明するようなテクスト外の概念	(4)テーマ・構成概念（前後や全体の文脈を考慮して）	(5)疑問・課題

ストーリーライン（現時点で言えること）	
理論記述	
さらに追求すべき点・課題	

出典:『4ステップコーディングによる質的データ分析手法SCATの提案－着手しやすく小規模データにも適用可能な理論化の手続き－』（大谷尚／名古屋大学大学院教育発達科学研究科紀要　教育科学／2008年）

さらに、そのテーマ・構成概念を紡いでストーリー・ラインを記述し、そこから理論を記述します。ストーリー・ラインとは、データから見出した意味や意義を物語のように書き表したものです。理論とは、その物語からいえそうな命題や定義を記述したものです。データに含まれる語句を一つひとつ丁寧に吟味しつつも、時系列に分析するため、文脈を意識しやすい分析手法といえます。

どんなときに使うと良いか

SCAT は、比較的小さな質的データの分析する際に使いやすく、たとえば、少数のエクストリームなユーザーを深く分析するときなどに活用することができるでしょう。また、手順が詳細に定義されており、かつ専門的なツールも必要ないため初学者が着手しやすい方法でもあります。SCAT のマトリクス自体もフォーマットが公開されており、質的データの分析手法の入門としても良いと言えるでしょう。

もっと詳しく学びたいときは

「SCAT Steps for Coding and Theorization 質的データの分析手法」
http://www.educa.nagoya-u.ac.jp/~otani/scat/
SCAT を提唱している大谷尚氏がやり方やフォーマットをまとめているウェブサイトです。まずはこちらを見てみるのが良いでしょう。
『質的研究の考え方　研究方法論から SCAT による分析まで』（大谷尚 著／名古屋大学出版会／2019年）
書籍も出されているので、詳しく学んでみたい方は参考にしてください。

mGTA

mGTA（modified Grounded Theory Approach）は、GTA（Grounded Theory Approach）という分析手法の考え方をもとに、木下康仁氏が修正（modify）したものです。GTAと比べると、分析のプロセスがわかりやすいこと、質的データの文脈性を重視することが特徴といわれています。

代表的な大体の手順は、以下のように示されています。

1. 概念化

質的データから、キーワードを見つけて重要な文に名前（概念）をつける作業です。概念化をするには、分析対象の質的データをすべてテキストに書き起こすことが前提となります。

2. カテゴリ化

概念をまとめ、そのまとまりに対して見出しをつけて構造化します。

3. 理論化

概念やカテゴリの関係を捉えて全体像やモデルを描きます。

どんなときに使うと良いか

mGTAはじっくり時間をかけて人の行動や考えを理解するときには良いですが、それだけ時間のかかる分析手法なのでUXリサーチの実務で頻繁に使うのは難しいかもしれません。しかし、mGTAのような質的分析手法の思想に触れ、そのやり方を練習しておく価値はあります。質的データを分析するときの倫理を学べたり、実践で限られた時間で分析をするために何を削っているのかなどを真摯に受け止めることができるようになります。

もっと詳しく学びたいときは

『ライブ講義M-GTA 実践的質的研究法 修正版グラウンデッド・セオリー・アプローチのすべて』（木下康仁 著／弘文堂／2007年）
mGTAの入門書として、手順や考え方を講義形式で解説した本です。

KJ法

KJ法は、文化人類学者の川喜田二郎氏が考案した、発想を促すための手法です。フィールドワークなどで得た膨大な質的データを単に分類するのではなく、アイデアを創り出すための発想につなげる点が特徴です。大きく分けると以下の4つのステップがあります。

1. ラベルの作成

ひとつのデータを1枚のラベルに要約して記述します。データをまとまりに区切る切片化[*3]の作業を先に行っておき、原則として1枚のラベルに対してひとつの文章のみ記述するようにしましょう。

> *3:データをよく読み込んだ上で、データを細かく（単語や文の単位で）分断する作業のこと。

2. グループ編成

ラベルをランダムに並べてみて、お互いに親近感を覚えるラベル同士を集めていきます。ある程度グループになったら、その親近感を感じたわけを言い表すような表札を作ります。そして表札が完成したら、その表札を他のラベルとまたランダムに並べていき、このグループ編成自体を2～3回繰り返していきます。最後のグループ編成が終わったら、各グループにシンボルマークをつけます。これはキャッチコピーとも言い換えることができ、簡潔でわかりやすいものが良いでしょう。イラストで表すこともOKです。

3. 図解化（KJ法A型）

空間配置をしながら、それぞれのグループの関係性を考察していきます。配置がうまくできたら、相互のグループの関係性を矢印で表します。

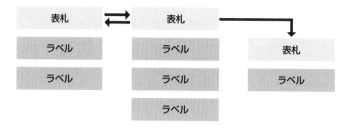

4. 叙述化（KJ法B型）

最後に、図解化で見えてきた関係性やストーリーを言葉にします。

どんなときに使うと良いか

KJ法はよく「似ている付箋をグループに分類していく作業でしょう？」と誤解されがちですが、本来の正しい手法では一つひとつのラベルを一対比較して、じっくり吟味していくことが手順として求められます。また、ときには何度かグループを作り直すこともします。これらの手順を踏むことで、断片的なデータを統合し俯瞰して見たり、その中で新しいアイデアを思いつくことができます。しかし、本格的に実施すると相当な時間がかかり、UXリサーチの実務で使う場面は限られるでしょう。たとえば、ユーザーを深く理解する合宿をするときなどに用いると効果的です。

もっと詳しく学びたいときは

◎『コンセプトのつくりかた「つくる」を考える方法』(玉樹真一郎著／ダイヤモンド社／2012年)

任天堂でWiiのコンセプトが生まれるまでの企画プロセスが詳細に解説されています。KJ法というワードは出てきませんが、チームで行っているワークはまさにKJ法そのものです。実務で活用するイメージをつかむのにおすすめです。

◎『発想法　創造性開発のために』(川喜田二郎 著／中公新書／ [改版] 2017年)

KJ法の具体的な手法の解説というよりも、発想法としてのKJ法について解説したものです。学術的な背景も含めて川喜田二郎氏の思想を学べます。

ペルソナ

ペルソナは、ユーザーの代表例を具体的に描写したものです。具体的に描写することによって、関係差の間でユーザー像のイメージを揃えやすくする効果があります。しかし、ペルソナに盛り込むべき項目は定められていません。サービスの分野によっても盛り込むべき項目や、その詳細度は異なります。

例として、本書の簡易なペルソナを考えてみました。

「UXリサーチには興味はあるが、どこから始めれば良いかイメージが湧かない」さん

UXリサーチに興味はあるんですけど、自分がやって効果があるのか？具体的にどこから始めたら良いか？がわからなくて…

- プロダクトマネージャー
- B2Cのスマホアプリ開発を担当
- 無料のウェビナーによく参加
- 勧められた本はなるべく買う

仕事のプロダクトマネジメントについては着実に経験を積んできている自負はある。最近は少しずつ任されるプロジェクトが大きくなってきている。

悩みとして、サービスを作る中で、自分の考えで本当にうまくいくのかが見通せずに、特にリリース前に不安が大きくなる。

欲求として、もっと自信を持ってサービス作りに取り組めるようになりたい気持ちが強い。特に、もっと明確にユーザーの反応をイメージできるようになれば、自信がつくと思っている。

最近は、UXリサーチというキーワードを身の回りで聞くようになって、気になっている。

しかし、どこから始めれば良いかもわからないし、自分に効果があるかもわからない。本務の片手間で始められるようなものなのか、何かハードルが高い感じがして、自分1人ではできないかもしれないと感じている。

そのため、プロダクトマネジメントにおけるUXリサーチの効果や活用方法が具体的にわかるウェビナーがあれば参加したいと考えている。

どんなときに使うと良いか

UXリサーチで得た洞察やユーザー像を分析してペルソナとして具体化することで、UXリサーチに参加していなかった他の関係者に伝えるのに役立ちます。たとえば、「定額払い」（7章参照）というサービスを設計する際に、調査結果に基づいて簡易なペルソナを定義して活用していました。他にも、ユーザーについて理解しておくべき情報をまとめることで、意思決定をスムーズにする効果があります。たとえば、筆者の携わるスマホ決済サービスであれば普段のお金の使い方について深く理解しておくことが重要になります。そのため、ペルソナを作る際にその情報は特に詳しく記述します。このように、ペルソナを作ることを目的とするのではなく、サービス作りに活かすた

めにペルソナにどのような情報が必要なのかを意識するようにしましょう。

　また、ペルソナの元になるデータについても、質的データと量的データを組み合わせることができます。たとえば、量的データを組み合わせることでこのペルソナは全体のユーザーのうち、どのぐらいのボリュームを占めそうか、といった議論もできるようになります。データを組み合わせることにはコストはかかりますが、より精度が求められる意思決定で活用されるようにするには有効です。

　一方で、ペルソナは注意して取り扱うべき点もあります。ペルソナを自分たちの都合の良い想像で作ってしまったり、事実データに基づいても都合の良い部分だけを切り取って使ったりしてしまうと、逆効果になってしまうことがあります。他にも、サービスと関係ない部分を詳細化しすぎてしまうと、本来捉えるべきユーザーの特徴が見えにくいペルソナになってしまうこともあります。たとえば、家族構成に関係なく特定の欲求を持つ人が使うサービスなのに、家族構成を細かく定義してしまうと、家族を持つ人向けのサービスという意識が醸成されてしまう、などが起こり得ます。

　最後に、ペルソナは作って終わりではありません。ペルソナのもととなるユーザー自身も変化していきますし、ユーザーを取り囲む環境も変化していきます。流れの速い業界では特に変化には敏感になる必要があります。調査を継続的に行って、ペルソナをアップデートし続ける意識を持つようにしましょう。

もっと詳しく学びたいときは

『ペルソナ作って、それからどうするの？ ユーザー中心デザインで作るWebサイト』（棚橋弘季 著／SBクリエイティブ／2008年）
　ペルソナについて概要から作り方までを知るのにおすすめです。Webサイト向けに書かれていますが、ペルソナのポイントはつかめます。
『About Face 3 インタラクションデザインの極意』（Alan Cooper他著／アスキー・メディアワークス／2008年）
　ペルソナに特化した本ではないですが、ソフトウェア開発におけるペルソナの活用について読みやすくて参考になります。
『Webサイト設計のためのペルソナ手法の教科書 』（Ziv Yaar,Steve Mulder著

／マイナビ出版／2008年）

　質的データと量的データを組み合わせてペルソナを作る方法を、セグメンテーションなどとセットで解説されています。

カスタマージャーニーマップ

　カスタマージャーニーマップとは、ユーザーが体験するストーリー（カスタマージャーニー）を、いくつかの観点から構造的に可視化した表現手法です。たとえば、ユーザーの行動、思考、感情と、サービスとして解決すべき課題などを記述します。単に体験を構造的に視覚化するだけでなく、ストーリーとしても表現することが特徴です。カスタマージャーニーマップに決まったフォーマットはなく、状況に応じて、盛り込むべき項目や抽象度、表現する時間の範囲などを決めていくことになります。また、カスタマージャーニーマップは時系列表現が一般的ですが、ループ状に表現したり地図的な表現をすることもあります。カスタマージャーニーマップを作ることを通して、何を明らかにして、どのような意思決定につなげたいのかを意識しながら表現を検討します。

　状況に応じてカスタマージャーニーマップを作る例として2つの視点と2つの時制を紹介します。視点は顧客視点と事業者視点、時制はAs-Is（現状の姿）とTo-Be（あるべき姿）で考えることができます。

　まず視点について、顧客視点で描く場合は自社サービスだけに限らず顧客の体験を描き、自社サービスがどういう位置づけなのかを把握します。事業者視点で描く場合、自社サービスにおける体験にフォーカスします。これは後述するサービスブループリントと近い表現になることもあります。

　次に時制について、As-Isについて描くと現状の認識を可視化したり、課題を把握したりすることができ、To-Beについて描くと、こうありたいというビジョンや計画について議論しやすくなります。さらに、2つを描いた上でTo-BeとAs-Isの差分を明らかにすると、現状の顧客体験において何が足りていないのか、何から着手すべきかもわかります。

どんなときに使うと良いか

　顧客の体験を俯瞰してみることで新たな課題を発見したり、全体的な視点で課題を捉え直して優先度をつけたりできます。たとえば、「定額払い」（7章の事例参照）では、As-IsとTo-Beのカスタマージャーニーマップを組み合わせて体験の検討をしました。まず、既存サービスの調査結果をもとに、顧客視点でAs-Isのカスタマージャーニーマップを描くことで課題を整理しました。その上で、新しく考えたアイデアによって、どのように体験がよくなるのかを議論しながら、To-Beのカスタマージャーニーマップを整理しました。これにより、どのアイデアが特に優先度が高そうかを円滑に議論できました。

　別の例として、マーケティング、プロダクト、カスタマーサポートなど、顧客とのタッチポイントとしては異なるところで活動している部署をつなぐために活用することもあります。それぞれが提供している体験をカスタマージャーニーマップによって俯瞰して見ることで、顧客からみて一貫した体験になっているか、より一貫した体験にするにはどうすれば良いのかといったことを検討しやすくなります。

 もっと詳しく学びたいときは

- When and How to Create Customer Journey Maps
  https://www.nngroup.com/articles/customer-journey-mapping/
  英語ではありますがNielsen Norman Groupの出している記事がわかりやすいです。時系列表現タイプのテンプレートも用意されています。
- カスタマージャーニーマップのパターン
  https://www.concentinc.jp/design_research/2013/12/customer-journey-map-patterns/
  CONCENT社の記事では、事業者・顧客視点とAs-Is To-Be 視点の4象限でカスタマージャーニーマップを使い分ける方法が紹介されています。
- 『マッピングエクスペリエンス カスタマージャーニー、サービスブループリント、その他ダイアグラムから価値を創る』(James Kalbach 著／オライリー・ジャパン／2018年)

ユーザーの体験を分析・表現する手法は様々あります。カスタマージャーニーマップの他、各手法の目的や書き方も紹介されており参考になります。

サービスブループリント

サービスブループリントは、サービスについて検証、実装、運用ができるように、サービスそのものとサービスと相互作用する要素を記述するために用いられる方法です。タッチポイントごとにユーザーとサービスのやり取りを表現します。それにより、サービスのプロセスを俯瞰しながら、サービスがどのような仕組みで成立するのか、そしてユーザーの体験はどのようになっているのかを明確にできます。サービスブループリントは表現するときの主体がサービス側にあります。この点は、ユーザーを主体にして表現するカスタマージャーニーマップとは異なります。

どんなときに使うと良いか

サービスの開発を円滑に進めるために、全体像を客観的に把握し、合理的にサービスの運用プロセスを設計、管理するときに役立ちます。たとえば、ユーザーの一連の体験がどうなっているかを、ユーザーが見えない部分（バックエンドサービスなど）も含めて確認するときにも使えます。

➕ もっと詳しく学びたいときは

● 「Designing Services That Deliver 1984」
https://hbr.org/1984/01/designing-services-that-deliver
サービスブループリントの初期の考え方を学ぶにはこちらの論文が参考になります。
● 「Service Design Tools」
https://servicedesigntools.org/tools/service-blueprint
サービスブループリントのテンプレートをダウンロードすることができます。
前述の『マッピングエクスペリエンス』ではサービスブループリントも解説されており、参考になります。

分析手法の実務での使い方

　ここまでいくつかの質的データの分析手法を紹介してきました。どれも良い手法ではありますが、実務で常に使うことは難しい手法もあります。そのため、リソースを鑑みながら、ときには手法の一部だけを使うこともあります。たとえば、ユーザーインタビュー結果の要点をまとめるために、本来はすべての発言データを使って分析をするところを、予め分析対象に関係の深い発言を抽出してから分析する、などです。サービス開発の現場では意思決定のタイミングに合わせられるようにスピードを優先し、粗い分析しかできない場合もあります。それでも、様々な手法を学んだり、練習したりしておくことは重要です。そうすることで、本来は実施すべき手順を簡素化していることを自覚でき、真摯にUXリサーチに取り組む姿勢を支えてくれます。

本章のまとめ

- [ ] UXリサーチの目的を忘れず、目的や制約に合う手法を選ぶ
- [ ] 各手法はいずれも一冊の本になるほど深みのあるものなので、ぜひ参考文献も読んでみよう

COLUMN　質的データだけではないUXリサーチャー

　本書では、主に質的データのUXリサーチについて紹介してきました。あなたの中にもUXリサーチャーは質的なデータを扱うイメージがあるかもしれません。しかし、最近では量的データを専門に扱うQuantitative UX Researcher（量的UXリサーチャー）の求人が見られるようになりました。この職種はアンケートだけでなくユーザーの利用ログなどの量的データを分析し、ユーザーの体験に関する洞察を得ます。サービスで取得できる量的なデータの範囲や量が膨大になり、それらを高度に分析できる役割が必要になってきているのです。業務内容としては、ユーザー体験を量的に図るための指標作り、取得したデータの統計的解析、解析結果に基づくサービス改善の優先順位づけ、といったことが挙げられます。他にも、UX Research Data Managerといった呼ばれ方をする職種もあります。この職職は、どのようにデータを管理することで量的なUXリサーチが実施しやすくなるかを考えたり、プロジェクトに適したツール、測定指標、リサーチ方法論を整えたりします。それによって、組織で量的なUXリサーチを活用できるようにしていくのです。求人によっては、量的と質的、両方のUXリサーチができる人材を募集していることもあります。

　このように、UXをリサーチに必要なスキルが高度化し、専門性が分化しつつも、両方を理解できる人材が求められていることがわかります。ユーザーから洞察を得るためには、目的に応じて量的と質的を柔軟に組み合わせることがより重要になっていくでしょう。しかし、そうはいってもひとりで量的と質的どちらも高度なレベルを目指すのは大変です。それぞれが得意な人同士で協業できるような組織作りも重要でしょう。

Chapter5

UXリサーチを一緒にやる
仲間の増やし方

周りの人にもっと協力してもらうには？

UXリサーチは1人で始められますが、1人でできることには限りも
あります。ある程度1人でUXリサーチを実践して活用できるように
なったら、他の人にもまずは一度参加してもらい、その後も継続的
に関わってもらえるように働きかけ、段階的に仲間を増やすことに
取り組んでみましょう。

対象となるステージ	1	2	3	4	5
この章を通して できるようになること	UXリサーチに一緒に取り組む仲間を増やせる UXリサーチの文化を組織に根づかせる				

段階に応じた仲間の増やし方

　UXリサーチにいきなり多くの人を引き込むことは難しく、たとえ引き込めたとしてもあなたの負荷が増えてしまうこともあります。あなたの状況を見ながら少しずつ引き込んでいくことを考えましょう。

　ここでは、まずは一度引き込む、継続的な関係を構築する、より広く・多くの人に認知してもらう、UXリサーチを文化にする、という段階に分けて仲間の増やし方を紹介します。必ずしもUXリサーチを文化にする段階まで至る必要はありません。あなたの組織にはどの段階が適しているかを考えながら取り組んでみましょう。

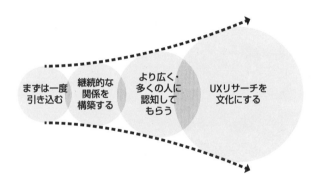

まずは一度引き込んでみよう

　どの段階を目指すにしても、まずはUXリサーチの活動に一度引き込んでみることから始まります。「記念すべき一回目」を作り出す3つの方法について説明します。

UXリサーチという
単語を使わず、
相手の視点から説明する

小さく実績を
作って共有しながら、
おすすめする

キックオフと
ラップアップで関わり
やすい雰囲気を作る

一度関わってみようかな、と思えるように働きかける

UXリサーチという単語を使わず、相手の視点から説明する

　繰り返しになりますが、サービスを作りたい人にとって、UXリサーチは手段のひとつです。なぜUXリサーチという手段を用いると良いのかを引き込みたい相手の視点から語りましょう。たとえば「事業上に○○という課題があり、それを解決するには○○を明らかにする必要がある（からUXリサーチを活用する）」といった具合です。関係者が「目的を達成できそうな手段だから使ってみたい」と思えれば良いのです。その理解を妨げるぐらいならUXリサーチという単語を積極的に使わなくても良いでしょう。あくまで、「なぜ、何のためにやるから価値があるのか」を関係者に理解してもらうことを優先します。自分の抱えている課題解決につながるとわかれば、やってみようという気持ちになりやすいものです。

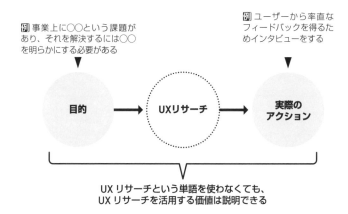
例 事業上に○○という課題があり、それを解決するには○○を明らかにする必要がある

例 ユーザーから率直なフィードバックを得るためインタビューをする

目的 → UXリサーチ → 実際のアクション

UXリサーチという単語を使わなくても、
UXリサーチを活用する価値は説明できる

小さく実績を作って共有しながら、おすすめする

UXリサーチの効果を体感してもらうには、まずは小さくても実績を作ってから共有することも効果的です。たとえば、ある目標数値を達成するためにサービスの改善案を考えているチームがあるとします。まずは小さくユーザビリティテストをして、見つけた課題に対して改善案を考えていきます。さらに、A/Bテスト[1]をして改善案のほうが良いという結果を量的に示せれば、ユーザビリティテストがチームの悩みの解消に役立つことを実感できるはずです。

> [1]:コントロールグループ（統制群）と、テストグループを比較することで、テストグループの効果を判断する方法。

他の例も考えてみましょう。チーム内のユーザーのイメージの意識がばらばらで、議論がなかなか噛み合わないと悩むチームがいたとします。そういうチームにUXリサーチの結果を共有することで、ユーザーのイメージが揃って議論がスムーズになることがあります。このように直接的にサービスには影響しなくても、悩みがあるチームにとっては良い効果として実感できることがあります。また、そのチームが実感した効果を他のチームに共有してもらうことも実績を示すひとつの方法になります。

単にUXリサーチのことを伝えるだけでは魅力が伝わりにくい

UXリサーチの実績を通して伝えることで魅力が伝わりやすくなる

一方で、一つひとつのUXリサーチによって必ず効果を実感できるとは限

りません。そのため、1回で大きいことをやろうとせず、小さく繰り返し試せるようにしましょう。そのほうがUXリサーチの実績も、引き込み方のノウハウも蓄積しやすくなります。小さく繰り返しながら、あなたなりのうまく引き込めるやり方をつかんでいくことがおすすめです。

実績を用いて引き込んでいった事例

筆者（草野）がUXリサーチャーとしてメルペイに着任した当時は、既にリリースすることが決まっている機能のユーザビリティテストを担当することが主でした。まずはユーザビリティテストの実績を貯めながら、結果の良し悪しだけではなく、調査協力者の振る舞いを実際に見て気づきを得ることがデザインを考えるときの刺激になることを繰り返し伝えるようにしたのです。これによって、レポートを読むだけでなくなるべくユーザビリティテストとの様子をリアルタイムで見ることが重要である、と関係者が考えてくれるようになりました。

次に、機能のユーザビリティテストをする傍らで、自主的なUXリサーチにも取り組んでいきました。たとえば、まだUIがない状態で、コンセプトテストを実施していました。その結果を関係者に共有することで、UIを作る前の段階でもUXリサーチを活かして多様な気づきが得られることを理解してもらえました。今では、コンセプトテストをやりたいと関係者から声をかけてもらえる状況を作れています。

さらに、ユーザビリティテストやコンセプトテストの前に時間を取って、お客さま[2]の人となりを探索的にインタビューして蓄積しました。そのデータを見ることで、お客さまのイメージが湧きやすくなりますし、新しい企画のアイデア出しにも役立てられました。このようなデータを組織に共有していくことで、次第にプロジェクトの立ち上げの段階からUXリサーチャーに声をかけてもらえるようになりました。また、そもそもお客さまがどのようにサービスを使ってくれているのかをもっとしっかり調べよう、という動きも作れました。今では、お客さまを理解するための自主調査（7章の「maruhadaka PJ」参照）が継続的に実施され、多様な関係者が興味を持ってこの調査に関わってくれるようになりました。

*2：メルカリ・メルペイではユーザーのことを「お客さま」とお呼びしています。

キックオフとラップアップで関わりやすい雰囲気を作る

　関係者がUXリサーチに様々な関わり方ができるようにしておくことも大事です。それによって、関係者がUXリサーチに関わってみようと思える雰囲気を作れます。いきなり全部に関わるのではなく、最初は部分的に参加してもらえるだけでも良いのです。ここでは、UXリサーチに関わりやすい雰囲気作りにつながる**キックオフ・ミーティング**と**ラップアップ・ミーティング**という方法について見ていきましょう。

　まず、UXリサーチのプロジェクトを立ち上げるときに行うのがキックオフ・ミーティングです。UXリサーチが必要な状況を理解し、関係者との期待値をすり合わせ、スケジュールも具体化し、プロジェクトの始まりと終わりを明確にします。その上で、UXリサーチには様々な関わり方と、それぞれにメリット・デメリットがあることを共有します。たとえば、関係者が調査を実践したり、リアルタイムで調査の様子を中継で見たり、調査後の議論に参加したり、レポートを読んだり、といった関わり方を提示します。UXリサーチへの興味関心や時間の制約などに合わせて関わり方が選べるようにしましょう。さらに、役割分担まで決めておくことで自分ごととして捉えてもらえます。関係者の都合を考えず、何でも深く関わってもらえば良いというわけではありません。誰がどのような関わり方をするとUXリサーチを有効に活用できるかを考え、適切な関わり方をおすすめできるように心がけましょう。

　次に、UXリサーチを実施したあとに行うのがラップアップ・ミーティングです。これは調査結果を共有し、活用を促すために行います。UXリサーチに積極的に関わる時間がなかなか取れなかった人にも、「結果共有の場だけでも参加しませんか？」と広く呼びかけましょう。ラップアップ・ミーティングに参加してもらうことで、UXリサーチへの参加度合いによる情報や解釈の差を減らす効果もあります。共有する情報として、レポートに加えて、調査の記録動画の要所を短くまとめることも効果的です。動画は、発言そのものだけでなく言葉では表しにくい雰囲気も含めて伝わるからです。他にも、UXリサーチに参加した関係者の口から感想や気づいたことを直接発言して

もらうこともあります。これは、調査結果の解釈をより多視点で理解する際に役立ちます。ミーティングを準備したり、共有するための情報をまとめることは手間がかかりますが、調査結果の活用を促す上で欠かせない部分です。

キックオフ・ミーティング	●始まりと終わりを明確にして、プロジェクトの共通認識を持つ ●いつ、誰が、どんな役割を分担するのかをはっきりさせる
ラップアップ・ミーティング	●調査結果を関係者に共有する ●調査結果が活用されるところまで、フォローアップする

実際の流れ

　ここでは、筆者がよく行うキックオフとラップアップのミーティングの流れを説明します。

　キックオフ・ミーティングでは、関係者を集めて、30分から60分で行います。その中で、関係者の目的に対してUXリサーチがどのように役に立ちそうか、そのためにどんなUXリサーチをすると良さそうかを共有します。そして、リソースやスケジュールを加味しながら、具体的な進め方や誰がどこまで関わるかの意識合わせをします。このタイミングで、シフト表を作り、インタビュアーや記録の役割分担を決めていきます。

　次に、**ラップアップ・ミーティング**は2段階で進めていきます。まずは**速報**という形で、詳細なデータ分析をする前に実施します。どういう調査協力者が来て、どういう人だったかを、一人ひとりのデータを大事にして共有していきます。ここでは、関係者の中でも特に中心的な人たちを呼びます。また、こういう切り口で深掘りしたいとか、この人のこういうところが気になるといったコメントを得ておき、後の詳細な分析のヒントにします。次に**報告会**という形で、データ分析から得た洞察をまとめて共有します。このときは一人ひとりのデータは参照としてつけておき、報告として端的にポイントが伝わるように整理して伝えるよう心がけます。ここでは、関係者全体に周知して幅広く参加してもらえるように声をかけます。そして、調査結果や考察が次のアクションに活かせるようにフォローアップします。そのために、報告会だけではなくアイデア出しのためのワークショップをすることもあります。

段階	1.速報	2.報告会
重視すること	早さを重視	質を重視
参加者	中心的な関係者に限る	関係者全体に幅広く
共有の方針	一人ひとりの協力者のデータを主に共有	分析から得られた洞察を主に共有
タイミング	詳細な分析をする前	詳細な分析をした後
次のアクション	詳細な分析や考察	新たなアイデア出しや意思決定
形式	対話形式	プレゼンテーション/ワークショップ形式

継続的な関係を構築しよう

UXリサーチに一度関わってくれたとしても継続的な関係ができなければ、コラボレーションを続けることは難しくなっていきます。ここでは継続的な関係を構築するための方法として状況の察知、データの整備について説明します。

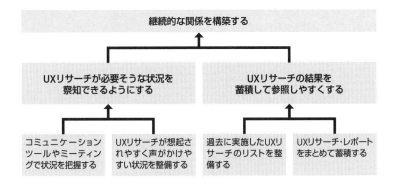

UXリサーチが必要な状況を察知できるようにする

　組織の中で、UXリサーチが役立ちそうな悩みや目的がないかを探します。そのために、組織で進行しているプロジェクトの状況を理解することに少し時間を投資しましょう。たとえば、Slackなどのコミュニケーションツールのチャンネルを見て回ったり、状況がわかりそうなミーティングに混ぜてもらったり、議事録に目を通したりします。ときには、ランチや雑談を通してUXリサーチのきっかけが生まれることもあります。気軽に声をかけてもらえるように、相談会などを開いてみるのも良いでしょう。

　一方、あなたが組織のすべての状況を把握することは難しいところもあります。UXリサーチが必要そうな局面で関係者が思い出して、あなたに相談をもちかけてくれる関係を目指しましょう。たとえば、UXリサーチが、機能のユーザビリティテストといった狭い範囲だけではなく、多様なお悩みや目的に対して柔軟に活用できると認知してもらうことも有効です。「自組織において必要な場面で思い出してもらえる、声をかけたくなる存在とは？」という視点で考えてみましょう。

UXリサーチに関する情報を蓄積して参照しやすくする

　継続的にUXリサーチを活用しやすくする方法として、過去の調査データやレポートなどの情報を蓄積して整理しておく方法もあります。UXリサーチに関する情報がまとめて見られる状態になっていれば、「こういう過去の調査ってありますか？」という質問が来たときに素早く答えられるようになります。ときには、UXリサーチに興味がある人が自主的に蓄積された情報を参照して活用してくれることもあります。具体的な方法は6章の「ナレッジマネジメント」で詳しく解説しているので参照ください。

　また、UXリサーチで得た知識は属人化しやすい側面があります。属人化したままその知識を持った人が退職してしまうと、組織からまるごと知識が失われることになります。短期的には表面化はしにくいですが、実際は大きな損失です。UXリサーチを継続する上で、このような知識を組織で共有していくことも大事です。調査結果をレポートにまとめたり、参照しやすい形

で整理しておくことには手間がかかります。しかし、問い合わせのたびに回答するコストや、退職などで組織から知識が失われるリスクを考えれば、十分な費用対効果があります。また、ひとりが記憶できる範囲も限界があって忘れていくので、未来の自分のためにもUXリサーチに関する情報を整理しておきましょう。

　一方で、調査結果の蓄積と共有には注意が必要な点もあります。たとえば、データが古くて参考にならないことがあります。定期的にメンテナンスすることは意識しましょう。他にも、誰でも調査結果が参照できるがゆえに、知らないところでデータを都合良く切り取られて使われてしまうというリスクもあります。調査結果を読み解くリテラシーの向上や、調査に関する倫理観を組織全体で育むことも考えましょう。

より広く・多くの人を引き込もう

　小さい範囲でも良いので継続的な関係性ができてきたら、より広く、多くの人を引き込んでいきます。この頃には、一緒にUXリサーチを継続することの価値を、実績をもとに伝えられるようになっているはずです。自信を持ってより広く情報発信をしてみましょう。

組織の中で情報発信する

　あなたと直接的にプロジェクトで関わる人をUXリサーチに引き込んでいくことは重要ですが、それだけで仲間を増やすには限界があります。あなたが直接関わる人と継続的な関係ができ、情報の蓄積もできるようになったら、次はUXリサーチを活用してくれる人を増やせるように組織の中で積極的に情報発信をしましょう。たとえば、全社定例など多くの人が参加する場で、これまでの取り組みや実績を紹介し、UXリサーチにはどういうメリットがあるのかを語るといったことが効果的です。サービス作りで言えば、認知してもらいユーザー数を拡大するフェーズと言えるでしょう。自分たちのUXリサーチというサービスを認知してもらうつもりでやってみましょう。

外部に情報発信して、組織の中に伝搬させる

　組織の中での情報発信だけではなく、外部に向けて発信することも効果があります。たとえば、外部に発信した情報が話題になったとします。すると、それを組織の中の人が見て、興味を持って声をかけてくれることがあります。組織の中で情報発信しても伝わらなかったことが、外部で話題になることですんなり伝わることもあります。外部への情報発信は少し労力と勇気がいることですが、積極的に情報発信をしてUXリサーチの価値を市場や業界全体へと示していくことも大事な考えです。業界の中で実践知が共有されることにもつながります。長期的に見ればUXリサーチャーの採用や、UXリサーチに関連する職種の採用をする時に自社に興味を持ってもらいやすくなったり、組織のPRにつながることも期待できます。勇気を持って情報発信をしていきましょう。

主体的にUXリサーチを継続できる人を増やす

　上述したような組織内外での情報発信はUXリサーチの認知を広げて、より多くの人を引き込む上で効果的です。一方で、引き込んだ後の受け入れ体制がないとかえってあなたの負荷が増えてしまうかもしれません。それによっ

て継続的に効果的なUXリサーチができている状況が崩れてしまうのは本末転倒です。この段階では、主体的にUXリサーチを継続してくれる仲間を増やすことも並行して考えるようにしましょう。

　たとえば、最初はUXリサーチに同席して記録を取ってもらったり、調査協力者との日程調整を手伝ってもらったりと簡単な関わり方から始めるのでも良いでしょう。そして、継続的に関わってもらう中でUXリサーチの効果をしっかり実感してもらい、もっとUXリサーチに主体的に関わりたいと思ってもらえたら、お願いする業務の範囲を広げていくようにしましょう。誰かに任せることで一時的にUXリサーチの品質が下がることが気になるかもしれません。UXリサーチを教えることにも時間がかかるでしょう。しかし、主体的に継続してくれる仲間が増えることは、長い目で見れば組織でUXリサーチを活用できる機会が広がります。また、より高い専門性を持つ人が、難しい調査にリソースを集中できるようになるというメリットもあります。

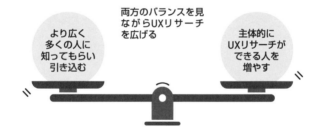

UXリサーチを文化にしよう

　UXリサーチにより多くの人を引き込むことができ、主体的に関わる人も増えてきたら次の段階です。組織の誰しもが当たり前にUXリサーチを活用して、ユーザーとともに価値あるサービスを作っていく文化を根付かせることを考えましょう。UXリサーチをやらなかったからといって、直ちに開発が止まるわけではありません。そのため、何もしないと業務に忙殺されて徐々にUXリサーチを活用する機会が減っていくこともあります。最初は、あな

たがUXリサーチを続ける中でUXリサーチの有効性を示していくことは必要でしょう。しかし、何かの事情であなたがそれをできなくなるかもしれません。また、どうしても組織の規模が大きくなると1人の声だけでは組織全体に届きにくくなっていくものです。そのため、目的に合わせてUXリサーチを活用する文化を根付かせていくことが重要になります。

　たとえば、人を引き込んだり、継続的な関係を作ったりする取り組みをすることはもちろんのこと、次のような取り組みが考えられます。

- UXリサーチを続けやすい仕組みの整備
- 定期的な勉強会や相談会の開催
- UXリサーチャーという役割の定義
- 専任のUXリサーチャーの採用や育成
- UXリサーチチームの組織化

仲間とともに大事にしたいことを話し合う

その他にも、組織として何を大事にしたいのかを仲間と話しあい、その中でUXリサーチをどのように活かせるか、といった視点で議論をしてみるのも良いでしょう。

　とはいえ、これらの取り組みはどれも時間がかかることでもあります。組織のフェーズによっては、必ずしもここまで取り組む必要がないこともあるでしょう。また、文化を作っていくことは仕組みを作っていくことと密接に関わるので、並行して進めていくことになります。6章で解説するUXリサーチを活かす仕組みの作り方も参考にしてみてください。

本章のまとめ

- [ ] UXリサーチの魅力を理解してもらうには、相手の視点に立った伝え方を心がけ、ときにはUXリサーチという単語を使わず話すことが大事になる

- [ ] UXリサーチが必要な状況を察知できるようにすることで、適切なタイミングで一緒に取り組める

- [ ] UXリサーチに主体的に取り組める人を増やすことで、継続できる環境ができていく

デザイナーから見たUXリサーチャー

　一緒に働いているデザイナーに、UXリサーチャーと一緒に仕事をしてみてどう感じているのかインタビューしてみました。

お客さまに触れ合う機会が、行動を変えるきっかけに

以前は自分の中で理想のお客さま像を作って、このデザインできっと大丈夫だろうと思ってしまっているところがあったんです。実際には操作できなかったり、使いづらそうにしたりしている場面を目にすることによって反省しました

UXリサーチに初めて参加して、こう理解してほしいというこちらの意図と、実際のお客さまの理解の仕方はこんなにも違うんだなと衝撃を受けました。それからワーディングやグラフィックの細かいところも平易にするように努力するようになりましたね

デザイン業務に集中できる

ユーザビリティテストの最中はお客さまが操作している様子の観察に集中できています。もし自分がユーザビリティテストのモデレーターをしていたら、次何を質問しよう？とか考えることで頭がいっぱいになってしまいます

自分でデザインもUXリサーチもやっていると『このデザインで合っててくれ！』という想いが強くなってしまうんです。結果を受けてデザインを修正しないといけないのは自分なので、課題を発見すればするほど自分で自分の首を絞めることになる。だからこそ、自身のUXリサーチにバイアスがかかっているかもと思うこともありました

中立な意見をもらえる

デザイナーやプロダクトマネージャーは「こうしたい」という思いがぶつかることもあるけど、UXリサーチャーは一歩引いてお客さまの視点から意見をくれるので、議論をするときの潤滑油になってくれるんです

デザイナーとは違う視点で、客観的に事業とお客さま目線のどちらも持ちながら壁打ち役になってくれます。『こんなお客さまがいる』『こういうところに課題を持っている』というヒントをくれるので、多角的な視点で考えるきっかけをもらっています

議論がスムーズになる

UXリサーチを通して、自分のデザインを主観と切り離して見られるようになりました。デザインしたときには見えてなかった良し悪しが見えてきて、議論が進めやすくなりました

UXリサーチによって論点が絞られて、無駄な議論が減るように思います。関係者が多いプロジェクトだと、コミュニケーションのコストが15%くらい下がったイメージ。それに、論点が明確になるほど、デザインの精度も上がる感覚があります

文字のアウトプットの限界

レポートを作ってくれているけど、正直文字はあまり読んでいないです。調査の様子を基本リアルタイムで見ていたのと、終わってすぐに振り返りの場を設けてUXリサーチャー、プロダクトマネージャー、デザイナーで次のアクションを決めています

UXリサーチでのお客さまの目線とか、えっ？という戸惑いとか、操作が止まっている時間とか、そういうのは文字情報では実感が湧きにくいんです。だから調査の様子はリアルタイムで見ていますね

Chapter6

UXリサーチを活かす
仕組みの作り方

UXリサーチをもっとみんなのものに

UXリサーチを小さく始めて仲間も増えてきたところで、次はUXリサーチをもっと活かす仕組み作りに取り組んでいきましょう。誰もがリサーチを活用できるようにしていくことで、仲間もさらに増えていくことでしょう。そのために大事になるResearchOps（リサーチオプス）について紹介していきます。

対象となるステージ	1	2	3	4	5
この章を通してできるようになること	UXリサーチを続ける仕組みが作れる 他の人がUXリサーチを始めるハードルを下げる				

ResearchOps とは

　3章で解説したように、UXリサーチの7つのステップにはいずれもUXリサーチの運用が関わってきます。そのため、UXリサーチを継続し、もっと活かしていくためには運用をうまくまわしていく必要があります。運用というとなんとなく退屈な業務のように聞こえるかもしれません。しかし、この運用を単に効率化するだけではなく、標準化して品質を保つことや仕組み化していくことはUXリサーチを組織に広げて文化として根付かせていくにあたって非常に重要です。このように質の高いUXリサーチを続ける仕組み作りのことを海外では**ResearchOps**（リサーチオプス）と呼んでおり、組織全体にUXリサーチの成果を届け、その効果を拡大するためにResearchOps専門のチームがあるほどです。

　ResearchOpsについて詳しく知りたい方は、ResearchOps Community（https://researchops.community/）という何千人ものメンバーがいる活気あるグローバルなコミュニティがあるのでぜひ参加してみてください。

ResearchOpsの6要素

　ResearchOpsには以下6つの要素があります。

①リクルーティングの効率化

　調査協力者の募集・選定、スケジュール管理、謝礼の支払いなどリクルーティングにまつわるプロセスの効率化

②ガバナンス

　安全で倫理的な調査を行うために、同意書の用意やプライバシーへの配慮、データ保管に関するプロセスやガイドラインの作成

③ツール

　調査の効率性を高めていくためのツールやプラットフォームの戦略的な調達と管理

④ナレッジマネジメント

調査で得た知見を集約し、整理したり、扱いやすい形で共有したりして、組織の資産にしていくためのプロセスやプラットフォームの管理

⑤コンピテンシー

誰でも調査ができるようにするためのガイド、テンプレート、トレーニング、オンボーディングなどの整備

⑥広報活動

UXリサーチの価値を組織全体で共有し、広めていく活動

出典：https://www.nngroup.com/articles/research-ops-101/

ResearchOpsの実践例

ResearchOpsの6つの要素に沿って、実際に筆者が取り組んでいることを紹介していきます。あなたの現場でも取り入れられそうなものからチャレンジしてみてください。

①リクルーティングの効率化

リクルーティングの効率化を図るために、リクルーティングのプロセス全体を把握することからはじめましょう。

リクルーティングのプロセス

条件を決める → 募集方法を決める → スクリーニング → 日程調整 → 確定

まずはどういう人に参加してほしいかという調査協力者の条件を決め、どうやって募集するかの方法を考えます。たとえば、自社サービスのユーザーにアンケートを配信して募る方法や、外部の調査会社に依頼する方法、人づ

てに集める機縁法などがあります。そのときどきで適切なものを選びましょう。次に、スクリーニングを行います。スクリーニングとは母集団から調査協力者を絞り込むことです。スクリーニング用のアンケートに回答してもらい、その内容をもとに絞り込み、優先度もつけていきます。

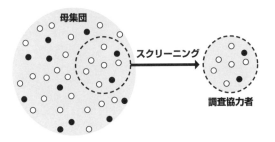

そして日程調整を行い、ようやく調査協力者が確定できます。しかし、まだ安心はできません。調査当日までリマインドを行ったり、キャンセルが出た場合の対応も考えたりしなければなりません。調査終了後には、謝礼のお渡しも必要となるでしょう。

特に自社サービスのユーザーに調査協力してもらう場合、UX リサーチ自体がユーザーとの直接的な接点となります。組織やサービスへの印象を損なわないためにも、リクルーティングのプロセスの品質を高めることで、UX リサーチに参加するという体験そのものを良くする心がけも重要です。

リクルーティング手順を定義する

リクルーティングは UX リサーチで最も時間を要する業務といってもいいかもしれません。通常、1〜2週間ほどかかるものです。そのため、UX リサーチを継続的に行うためにはリクルーティングを効率化することは非常に重要です。まずはリクルーティングの手順を洗い出して一覧化し、発生頻度、所要時間を書き出します。そうすることで他の方が UX リサーチにチャレンジしたいとき、おおよそかかる時間が把握でき進め方の参考にもなります。さらに、各タスクのマニュアルを整備しておくと良いでしょう。

発生頻度	タスク	内容	所要時間
月1	調査設計	実施要望を集めて実施頻度とスケジュールを決める	-
月1	調査設計	実施要望を集めて対象者条件を決める	-
月1	スケジューリング	リクルーティングのスケジュールを共有する	-
月1	SQL準備	対象者条件に変更がある場合はデータアナリストに相談する	-
月1	SQL準備	対象者の抽出	30
月1	スクリーニングアンケート作成	前回までの項目に変更があれば原本に手を加える	60
月1	スクリーニングアンケート作成	変更点を編集する	60
月1	スクリーニングアンケート確認	テスト用で意図したロジック通りに挙動するか複数パターン確認する	60
月1	スクリーニングアンケート作成	テスト用と本番用のURL発行	10
月1	配信文言作成	タイトル、配信日、お問い合わせ番号を更新する	10
月1	配信文言作成	アンケートのURLを更新する	10
月1	配信文言作成	カレンダーを確認し配信日と時間を決める	10
月1	配信日予約	配信日を予約する	10
月1	配信日予約	配信日確定の連絡を受け取る	-
月1	配信ツール設定	配信予約をする	-
月1	配信ツール設定	テスト配信を行う	10
月1	問い合わせ対応	CSに配信を共有する	10
月1	問い合わせ対応	CS経由で共有される問い合わせに対応する	-
月1	問い合わせ対応	新しい問い合わせがあった場合、Q&Aリストを更新する	-
週1	対象者選定	第一候補、第二候補、第三候補まで優先度をつける	30
週1	日程調整	第一候補に日程調整メールを送る	10
週1	日程調整	確定者に日程確定メールを送る	10
週1	日程調整	第二候補に日程調整メールを送る	10
週1	日程調整	確定者に日程確定メールを送る	10
週1	日程調整	第三候補に日程調整メールを送る	10
週1	日程調整	確定者に日程確定メールを送る	10
週1	日程調整	前日リマインドメールを送る	10
週1	動画格納	動画を格納する	5
週1	謝礼付与	ダブルチェックし謝礼を付与する	10
週1	誓約書の回収	誓約書が届いていない場合、リマインドする	10

リクルーティングの手順書

調査協力者のデータベースを構築する

予め調査協力者のデータベースを構築しておくと、調査実施までにかかる時間を短縮できます。筆者は月に1回の頻度でアンケートを配信し、調査協力者を募っています。

他の部署やプロジェクトでもUXリサーチを行っている場合、データベースを共用できないかも考えてみましょう。汎用的な質問をアンケートに予め入れておくことで、何度もリクルーティングする手間を省くことができます。

スクリーニングのアンケート例を用意する

リクルーティングのプロセスで最も難易度が高いのは、スクリーニングのアンケート設計でしょう。これまでアンケート設計をしたことがない人にとって、いったい何から着手したら良いのか途方に暮れてしまうかもしれません。そんなときに、過去のアンケートを参考にできると進めやすくなります。もちろん、調査の目的に応じてアンケート項目を変更する必要はありますが、

必ず聞いておくべき項目や全体構成で参考にできることは多々あるため、アンケート例を用意しておくとゼロから作るよりは随分やりやすいはずです。付録としてテンプレートがダウンロードできるので、アレンジして使ってみてください。

カテゴリ	回答形式	Q	質問		必須/任意	回答者条件	表示条件	メモ
プロフィール	SA	Q7	お客さまご自身についてお伺いします。		必須	全員		
			性別を教えて下さい。					
			1	男性				
			2	女性				
			3	その他				
			4	答えたくない				
	SA	Q8	お住まいの都道府県を教えてください。		必須	全員		
			47都道府県単位					
	FA	Q9	ご年齢を数字でお答えください。（例 36歳の場合、「36」と数字のみ入力。歳、才などは不要です）		必須	全員		
	SA	Q10	ご職業を教えてください。		必須	全員		
			1	正社員				
			2	契約社員				
			3	派遣社員				
			4	会社経営者・役員				
			5	公務員				
			6	自営業・フリーランス				
			7	専業主婦・主夫				
			8	パート・アルバイト				
			9	学生（高校生）				
			10	学生（大学生・大学院生・専門学校）				
			11	学生（その他）				
			12	無職				
			13	その他（FA）				
	SA	Q11	ビデオ通話アプリを使用してオンラインインタビューを行います。ご協力いただけますか。		必須	全員		
			1	はい				
			2	いいえ（アンケートを終了します）				アンケートを終了

スクリーニングのアンケート例

日程調整を効率化する

調査協力者と連絡を取って日程調整するのは時間がかかりますし、日時を勘違いしてしまったり、ダブルブッキングしてしまったりと人的ミスも起こりやすくなるものです。できるだけ日程調整をスムーズにするために、スクリーニング用のアンケートで参加可能な日時を予め聞いておくと良いでしょう。さらに、Calendly（https://calendly.com/）などの日程調整ツールを活用するのもひとつの手です。調査実施予定の時間枠を設定してリンクを共有すると、調査協力者は送られてきたリンクを開いて提示された時間枠から都合のいい日時を選べば完了です。CalendlyはGoogleカレンダーと上の別の予定と重複しないようにできる他、すでに埋まってしまった時間枠は他の人から予約できないように設定できるため、ダブルブッキングも避けることができます。Calendlyは無料でも使えるので、ぜひ試してみてください。

Calendlyでの日程調整のイメージ

謝礼の管理コストを下げる

　以前はAmazonギフトカードで謝礼をお渡ししていましたが、カードを発注・調達し、使うまで管理するのも一手間かかります。そこで、今では自社サービスのポイントでお渡しする形にしています。もちろん、調査の目的によっては不適切な場合もあります。たとえば、自社サービス未利用者の調査をしたい場合、謝礼に魅力を感じてもらえず調査協力者が集まらないかもしれません。そのようなときはAmazonギフトカードでも、物理的なカードではなくコードタイプのものを選ぶだけでも多少は管理コストが下がるかもしれません。

リクルーティングをルーティン化する

　メルペイでリクルーティングの効率化に最も寄与しているのは、このルーティン化です。メルペイではUXリサーチの実施日を水曜日に固定していて、前週木曜日に調査協力者に日程調整のメールを送る、前日火曜日にはリマインドメールを送る、とリクルーティングのタスクもルーティン化することができます。これはタスクを忘れづらくなったり、定型業務として外部委託できたりと効率化できるだけではなく、水曜日はUXリサーチの日として認知されやすく、文化としても根付きやすいというメリットもあります（7章

「Weekly UX リサーチ」参照）。

②ガバナンス

UXリサーチ実施時に交わす同意書や、個人情報の取り扱いに関して法的や倫理的に遵守すべきことを、各専門家の力も借りながら定めておきましょう。

UXリサーチでご案内すべきことを定める

プライバシーの扱いなど、調査のはじめにご案内すべきことを定めておきましょう。ここでは、筆者がご案内していることを紹介します。付録のガイドにも記載しているので、参考にしてみてください。また、これは単に説明するだけではなく、調査実施者が普段からきちんと意識を持って取り組むことも重要です。

○ 立場を明らかにする

私は 株式会社△△ の XX と申します。本日のインタビューの進行を務めさせていただきます。

○ 目的を説明する

本日は ○○さんに 新しいサービスのアイデアについてご意見を聞かせていただくために、お時間をいただきました。今回お話いただいた内容は、今後のサービス開発の参考にさせていただきます。

○ 録画・中継への許諾を得る

○○さんの意見をありのまま記録するために、これから発言を収録させていただきます。収録させていただくのは音声とスマートフォンの操作画面で、こちらは分析の目的以外で利用することはございません。厳重に管理することをお約束いたします。

また、本日のインタビューの様子はこの後別の部屋にも中継させてい
ただく予定です。他にも同時にお話を聞いている者がいますので、そち
らもご了承ください（同意を得られたら録画・中継を開始する）。

　　秘密保持のお約束をいただく
　最後に、○○さんが今日ここでご覧いただく内容はまだ世の中には公
開されていない情報が含まれます。そのため、他の方にお話されたり、
SNSに書かれたりしないよう秘密保持のお約束をいただきたいと思いま
す（同意書にサインをいただく）。

同意書を用意する

　調査協力者と、調査に関する同意書を交わす必要があります。内容につい
ては法務や調査倫理などの専門家にレビューを依頼するのが良いでしょう。
詳しい人が組織の中にいない場合は、必要に応じて外部の専門家に相談して
みましょう。

個人情報の管理ルールを作る

　もし、すでに組織の中に個人情報取り扱いのルールがあるならばそれに従
いデータの管理方法を決めましょう。まだ整っていないようならば、セキュ
リティやコンプライアンスの部署などと協働して、管理ルール自体から整備
していくことが必要です。

③ツール

UXリサーチに役立つツールを積極的に試して導入を検討しましょう。

ソフトウェアを整備する

　筆者は以下のようなソフトウェアを利用しています。セキュリティ面や予
算面の制約はあるかもしれませんが、無料で試せるものもあるので試しなが
ら合うものを見つけてみてください。

- Calendly（日程調整用） https://calendly.com/
- クラウドサイン（同意書契約用） https://www.cloudsign.jp/
- Azure Video Analyzer for Media（書き起こし用）
  https://www.videoindexer.ai/
- Dovetail（分析用） https://dovetailapp.com/
- Figma（プロトタイプ用） https://www.figma.com/
- Miro（ワークショップ用） https://miro.com/

ハードウェアを整備する

UXリサーチをスムーズに進めるために、必要なハードウェアも整備しましょう。特に調査用のPCやスマートフォンは、不具合があったときの代替案として複数用意しておくと安心です。これらのハードウェアはスーツケースにすべて入れておくと、調査会場への移動も楽です。

- 調査用PC
- 調査用スマートフォン
- スマートフォン用三脚
- ジンバル
- 書画カメラ
- 充電器

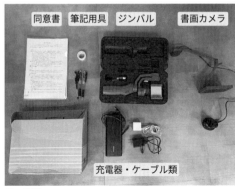

ツール類

スーツケースに入れておくと移動も楽

④ナレッジマネジメント

調査結果を組織の資産として活用しやすい形に整備していきましょう。

データを一元化する

あなたが主導して組織でUXリサーチを続けていくと、「過去にこういう調査ってやったことありますか？」「○○について知りたいのですが、良いデータがあれば教えてください」などと他の人から聞かれることが多くなるかもしれません。思い出して答えられるうちは良いのですが、毎回データを探すのも骨が折れます。また、あなたの脳内だけに知識がたまっていくと、あなたが組織を離れたときに大きな資産を失ってしまうことにもなります。過去の調査結果を有効活用するためには、他の人も簡単に参照できるようまずはデータを一元化することを目指しましょう。一箇所のフォルダにまとまっているだけでも探す手間が省けます。また、他組織でもUXリサーチが行われているようであれば、ゆくゆくはすべてのデータをまとめていけると理想です。

データのアクセスしやすさを考える

データを一元化できたら、次は関係者が必要なデータにアクセスできるような工夫を考えましょう。何について調査したのかテーマを一覧で把握できると、闇雲にフォルダを探す必要がなくなります。また、データといっても動画を見返して発言や操作している様子をじっくり観察したい人もいれば、何がわかったのか、調査結果のサマリーだけ知りたい人もいるでしょう。それぞれのニーズに応えられるよう、データが階層化されているのが理想です。筆者は以下の項目をスプレッドシートで一覧化して管理しています。こちらも付録のUXリサーチリストを参考に、ぜひアレンジして使ってみてください。

- 日付
- 調査協力者の情報
- 担当者
- 案件
- ガイド

- 記録
- 動画
- レポート

日付	調査協力者情報	担当者	案件	ガイド	記録	動画	レポート
2020/4/28	こちら	松薗	・UT_eKYC ・コンセプトテスト_おくる・もらう	ガイド	記録	動画	レポート
2020/4/22	こちら	草野	・UT_eKYC ・コンセプトテスト_おくる・もらう	ガイド	記録	動画	レポート
2020/4/15	こちら	草野	・UT_eKYC ・UT_定額払い ・コンセプトテスト_おくる・もらう	ガイド	記録	動画	レポート
2020/4/8	こちら	松薗	・UT_eKYC ・コンセプトテスト_おくる・もらう	ガイド	記録	動画	レポート
2020/4/1	こちら	草野	・UT_eKYC ・コンセプト評価_おくる・もらう ・コンセプトテスト_定額払い	ガイド	記録	動画	レポート
2020/3/25	こちら	松薗	・UT_eKYC ・UT_定額払い ・コンセプトテスト_おくる・もらう	ガイド	記録	動画	レポート
2020/3/18	こちら	草野	・UT_eKYC ・コンセプトテスト_おくる・もらう	ガイド	記録	動画	レポート
2020/3/11	こちら	松薗	・UT_eKYC ・UT_定額払い	ガイド	記録	動画	レポート

過去のデータを一覧化したUXリサーチリスト

⑤コンピテンシー

　誰もが気軽にUXリサーチを始められるよう、一歩目を踏み出すハードルを下げていきましょう。

テンプレートを整備する

　調査企画書やガイドなど、ドキュメントのテンプレートを用意しておくことで、準備を楽に進められるようになります。これは運用の効率化につながるだけではなく、後からドキュメントを見返すときにも体裁が揃っていることで勝手がわかり楽になります。他にもコンセプトテストのテンプレートを予め用意しておくと、他の人に用意してもらうときに説明コストを下げられますし、テンプレートに沿って実施をすればいいので準備コストも下げられます。付録にガイドや記録のテンプレートも載せているので、参考にしてください。

ID3		2020年11月4日（水）18：00〜19：00
		20代・男性
自己紹介	年齢	
	住まい	
	同居家族	
	仕事内容	
	時間があるときにやることや趣味	

ユーザーインタビューの記録テンプレート

マニュアルを整備する

ツールの使い方や、定形化できる業務などはマニュアルを整備しましょう。たとえばメルペイの場合、以下のようなマニュアルを整備しています。

- Calendly の使い方
- クラウドサインの使い方
- アンケートを配信する社内ツールの使い方
- リモート UX リサーチのやり方
- 日程調整のメールテンプレート

学習コンテンツを用意する

誰でも UX リサーチを始められるよう背中を押すために、UX リサーチについて学んで実践できるような学習コンテンツを用意してサポートしていきましょう。これはあなたにとって一時的に大きな負担がかかるかもしれませんが、組織に UX リサーチができる人を増やしていくことはゆくゆくは自分の助けになり、組織にとってもプラスになるでしょう。メルペイでは、UX リサーチのノウハウをまとめたドキュメントを用意したり、勉強会を不定期で開催したりしています。たとえば、ユーザーインタビューで気をつけるべきポイントをまとめたドキュメントを初めてチャレンジする方に予め共有するよう

にしています。勉強会ではUXリサーチの基礎的なことをお伝えしたり、ウォークスルーを行ったりしています。いきなりユーザーインタビューやユーザビリティテストにチャレンジするのはハードルが高いと感じるかもしれません。逆に、ユーザーインタビューなんて会話と変わらないので簡単にできるだろうと軽視されてしまうこともあります。ウォークスルーであえて失敗や挫折経験してもらいフィードバックしたり、なんとなくの感覚をつかんでもらうことで本番に自信を持って臨んでもらえるようになります。

　さらに、UXリサーチを学んで実践できる「UXR Academy」という取り組みも始めました。講義形式の基礎編、講義と課題を組み合わせた実践編の2つのプログラム構成で、それぞれ以下のようなコンテンツを整備しています。

- 基礎編
  - UXリサーチ概論
  - 調査企画の作り方
  - 手法の紹介
  - 事例紹介
  - 社内でのUXリサーチの始め方

- 実践編
  - 調査企画
  - スクリーニングのアンケート設計
  - 質問項目の設計
  - 調査実施
  - 分析ワークショップ

⑥広報活動

UXリサーチの価値を組織全体で共有し、広めていくことも重要です。

UXリサーチの価値を広げる

リクルーティングのルーティン化の項目で触れたように、メルペイでは水

曜日をUXリサーチの日としています。これは運用面が楽になるだけではなく、UXリサーチの日として覚えてもらったり、見学希望者に予め日時をあけてもらえたりして、認知してもらいやすくなるメリットもあります。UXリサーチの価値を広げる取り組みは、5章で解説したUXリサーチを一緒にやる仲間の増やし方とも重なるところがあります。

外部のパートナーと協働する

ここまで読んでみて、すべてを自分たちでやるのは到底無理だと思われた方もいるかもしれません。もちろん、その必要はありません。取り組めそうなことから少しずつやっていけば良いですし、外部のパートナーの力を借りつつ協働することも考えてみましょう。

調査会社に相談する

調査会社は調査の企画から実施、分析まですべてお願いすることもできますが、一部業務だけを請け負ってくれる場合もあります。たとえばリクルーティングのみ依頼するようなケースです。スクリーニング用のアンケート作成・配信、調査協力者との日程調整、同意書や謝礼のやり取り、調査当日の受付など、どこまでの業務をお願いしたいのかを予め明確にして依頼をしましょう。

リサーチアシスタントに委託する

メルペイでは、リサーチアシスタントを業務委託でお願いしています。主にリクルーティングとナレッジマネジメントの業務をお手伝いいただいており、たとえば調査協力者との日程調整の連絡や、過去のデータの管理などをおまかせしています。おかげで筆者は調査の企画、実施、分析などに集中できて、とても助かっています。オンライン秘書サービスなども活用できるでしょう。

研修やセミナーを活用する

UXリサーチを始めたての頃は、学習コンテンツを整備するどころかまずは自分が教えてほしい！と思うかもしれません。そのようなときは、研修やセミナーに参加し組織にナレッジを持ち帰るのもおすすめです。

本章のまとめ

- [ ] UXリサーチの運用を効率化し仕組み化していくことは、UXリサーチを継続し文化として根付かせていくために重要である
- [ ] 質の高いUXリサーチを続ける仕組み作りのことをResearchOps（リサーチオプス）と呼ぶ
- [ ] 状況に合わせて必要なところから取り組み、時には外部のパートナーの力を借りよう

COLUMN　UXリサーチに役立つツール

　UXリサーチは特別な機材がなくても始められますが、ツールを活用することでより効率良く続けることができます。ここでは筆者が利用しているツールをいくつか紹介します。

　まず、調査企画書をまとめるときにはGoogleドキュメントを使っています。

　次に、アンケート項目を考えるときは、Googleスプレッドシートを使って管理します。どのような質問形式で質問をするのか、どのようなロジックをつけるかといった情報をまとめるのに便利です。調査の結果をまとめるときは、Googleスライドを使っています。このようなGoogle Workspace（https://workspace.google.com/）のサービスを利用することで、共同編集やバージョン管理がしやすいのも魅力的です。

　プロトタイプ作成には、FigmaやInVision、Adobe XDなどを使います。より簡単に画面遷移などを作れるし、管理もしやすいです。

　分析では、Dovetailなどの質的データの分析ツールを活用しています。質的データの分析ツールを使うことで、データを様々な切り口で見やすくなります。たとえば、このように切片化したデータにタグ付けをして整理し、一覧化することができます。

さらに、そのタグ自体を分類したり、それぞれのタグにどのようなデータが含まれているのか、素早く参照することもできます。

また、SCATなどの分析手法は、Googleスプレッドシートにフォーマットを作って利用しています。専用ツールを使わなくても質的データの分析はできるのだということを知っていただければ嬉しいです。

他の分析ツールとして、MiroやFigmaを活用することもあります。データを空間的に配置がしやすいことが特徴で複数人で分析する際にも便利です。

このように、UXリサーチを効率化するツールが様々ありますので、ぜひ組み合わせて使ってみてください。また、日々新しいサービスがどんどん出てきていますので、目的に合わせて、適宜新しいものを試してみることもおすすめします。

Chapter7

UXリサーチのケーススタディ

実際どうやってるの？

本章では実際に著者が取り組んできたUXリサーチの事例を紹介します。シンプルなUXリサーチの事例から、いくつかの手法を組み合わせた事例まで用意しました。それぞれの事例の特徴をまとめたので、あなたの状況に応じて参考にしてください。

対象となるステージ	1	2	3	4	5
この章を通してできるようになること	UXリサーチの実践例がわかる 状況に応じた手法の使い方の感覚がつかめる				

事例のラインナップ

本書では筆者がメルペイで実際に行ってきたUXリサーチのプロジェクト
の中から、7つの事例を紹介します。事例の種別、該当するステージ、手法、
UXの要素などを参照しながら、あなたの今の状況に合うものから読み進め
てみてください。

事例	事例の概要	種別	ステージ	扱っている手法	UXの要素
利用上限金額の設定機能	機能のコンセプトとその使いやすさに関する調査です。コンセプトテストやユーザビリティテストを小さく始めるときのヒントが学べます。	検証	Stage 1〜2	●コンセプトテスト ●ユーザビリティテスト	●利用前〜利用中 ●骨格〜表層
maruhadaka PJ	お客さまの利用実態を明らかにするための調査です。デプスインタビューや訪問調査など探索的なUXリサーチについて学べます。	探索	Stage 2〜3	●デプスインタビュー ●ダイアリー調査 ●訪問調査	●利用前〜利用時間全体 ●要件〜表層
おくる・もらう	送金サービスに関する事例です。質的データと量的データを組み合わせた、戦略からUIまで幅広くUXリサーチを活用する方法を学べます。	探索&検証	stage 3〜	●コンセプトテスト ●ユーザビリティテスト ●アンケート	●利用前〜利用後 ●戦略〜表層
定額払い	購入金額を分けて支払えるサービスに関する事例です。既存サービスの利用者理解から、アイデア出しのワークショップデザイン、UIまで幅広くUXリサーチを活用する方法を学べます。	探索&検証	stage 3〜	●デプスインタビュー ●ペルソナ ●カスタマージャーニーマップ ●コンセプトテスト ●ユーザビリティテスト	●利用前〜利用後 ●戦略〜表層
初期設定フロー	メルペイを利用するための初期設定に関する調査の事例です。複数回のユーザビリティテストの結果を俯瞰した分析方法について学べます。	探索	Stage 3〜	●ユーザビリティテスト ●複数データの俯瞰分析	●利用前〜利用中 ●骨格〜表層
Weekly UXリサーチ	UXリサーチを定期的に開催し続けるための効率的な仕組み作りと、実施されたUXリサーチの事例を学べます。	仕組み作り	Stage 1〜2	●UXリサーチの仕組み ●ユーザビリティテスト	●実施する案件次第
リモートUXリサーチ	リモート環境下でもできるUXリサーチの仕組み作りが学べます。	仕組み作り	Stage 2〜3	●UXリサーチの仕組み	●実施する案件次第

なお、事例では関係者を役職名で呼ぶのに合わせて、筆者のことをUXリサー
チャーと記しています。また、前述したように、メルカリ・メルペイではユー
ザーのことはお客さまと呼ぶため、事例の中でもそのように表記しています。

事例1：利用上限金額の設定機能

　利用上限の設定機能は、メルペイスマート払いという購入代金を翌月にまとめて清算できるサービス上のひとつの機能です。ここでは、その機能について実施したUXリサーチを紹介します。

どのような取り組みか

　利用上限金額の設定機能とは、自分の予算に合わせて上限金額を設定し、その範囲内でメルペイスマート払いを利用できるものです。利用金額に応じて減っていくゲージ表現によって、利用上限金額に対してどれぐらい自分が使っているのかが感覚的にわかりやすいデザインになっています。この事例では、この利用上限金額の設定機能ができるまでに実施した、コンセプトテストとユーザビリティテストについて紹介します。

利用上限金額を表示する画面。利用額に応じて減っていくゲージ表現を採用（画面は2021年1月頃のもの）

状況の理解

　このUXリサーチの取り組みが始まった当時は、メルペイスマート払いのサービス開発を進めている段階でした。クレジットカードなどの後払いは便利なサービスではありますが、一方で「使いすぎてしまいそう」という不安があることも調査を通してわかっていました。そこで、「使いすぎてしまうかも

しれない不安を解消するには、メルペイスマート払いはどのような機能を備えれば良いのか」という問いを立ててUXリサーチに取り組むことにしました。

組み立て方

　立てた問いにもとづいてUXリサーチをするために、問いを分解して、3つのことに取り組むこととしました。第一に不安を感じる要因とは何かを明らかにすること、第二にその要因を解消する機能とは何かを明らかにすること、第三にその機能のUIのわかりやすさ・使いやすさを高めることでした。具体的な進め方としては、後述するWeekly UXリサーチの仕組みを活かして、コンセプトテストとユーザビリティテストを組み合わせた調査手順を設計しました。

準備・実施・分析の進め方

コンセプトテスト

　まずはサービスのコンセプトをテキストで提示して、お客さまの不安を感じる要因を調べることから始めました。このコンセプトテストにテキストを用いたのは、調査にかけられるデザインや開発のリソースがない状況だったためです。UXリサーチャーが1人でもできる方法として採用しました。コンセプトテストの結果「これでは使いすぎてしまいそうで不安」というフィードバックが得られたので、そのように感じた理由を詳しく調査していきました。それによって、不安を解消するためのヒントが得られました。

　そして、得られたヒントをもとに利用上限金額をお客さま自身が設定するというアイデアを思いつき、再度コンセプトテストで検証することにしました。その結果、このアイデアは使いすぎてしまいそうだという調査協力者の不安を軽減できることがわかりました。その他にも、UIをデザインするためのヒントもいくつか得られました。

かんたんで使いすぎない
かしこいスマホ決済

5秒でお金の予定を立てよう
　月に10,000円、50,000円など、上限を選べます
　気づいたら使いすぎた！はありません

お金のやりくりは全て見える！
　使ったらすぐにアプリに反映、
　何にいくら使ったかはすぐわかる

使った分は月一回の支払いでスマートに
　月一回の簡単支払い
　細かくチャージしておく手間はありません

当時のコンセプトテストに用いたテキストの例

ユーザビリティテスト

　コンセプトがある程度固まった段階で、次はUIのデザインを検討していきました。プロダクトマネージャー（以下、PMとします）とデザイナーが中心になってUIのデザイン案を検討し、UXリサーチャーがユーザビリティテストを担当しました。ここでは、UIを操作する中で使いすぎる不安が軽減できそうかを検証することが目的でした。ユーザビリティテストの結果を受けてデザイン修正を繰り返しながら、わかりやすいUIを作り上げていきました。最終的に、設定した利用上限金額を最大として、使うごとにゲージが減っていくデザインができました。そしてこのUIは、使いすぎてしまいそうという不安を軽減できることに加えて、見やすくて使いやすいとお客さまが感じられることを確認できました。

ユーザビリティテストで利用した、使うたびにゲージが減っていくデザイン

結果の活用

　このUXリサーチを通して検討された利用上限金額の設定機能は、メルペイスマート払いがリリースされた初期から実装されました。リリース後の調査でも「利用上限金額の設定ができることが良い」「使った分だけ月に1回チャージするだけで良いから便利」という感想をいただくことができました。これらの結果から、コンセプトを体現するUIが実現できたといえます。一方で、リリース後に使いにくさを指摘される部分もありました。そのため、リリース前だけでなくリリース後も継続的にUXリサーチを活かして使いやすさを磨いています。また、これらのUXリサーチを通して得られたお客さまが不安を感じる要因については、今でも社内のプロジェクトのメンバーが議論するときに活用されることがあります。お客さまが安心して使えるサービスを検討するための礎となっています。

仲間の増やし方

　この事例では主に、PMとデザイナーとコラボレーションしました。コラボレーションを促進するために、コンセプトテストやユーザビリティテストの様子を中継することで生々しい反応を目の当たりにできるように工夫しました。特に、UIをデザインしてユーザビリティテストをしていく段階では、Weekly UXリサーチで毎週調査ができる機会を活かして次々とアイデアを試すことができ、PMやデザイナーと活発な議論が生まれました。

仕組みの作り方

　当時はリクルーティング業務のほとんどを外部の調査会社に委託しており、スクリーニング用のアンケートの実施、調査協力者への連絡、謝礼の支払いなどをお願いしていました。おかげで、UXリサーチャーは調査の実施・分析と結果の共有などに集中できていました。

事例2：maruhadaka PJ

次に、UXリサーチチームが自主的に企画・実行しているmaruhadakaプロジェクト（本書では「maruhadaka PJ」と表記）という事例を紹介します。

どのような取り組みか

maruhadaka PJはその名の通り、お客さまを丸裸にするほどに深く理解することを目的に始まったUXリサーチのプロジェクトです。依頼や相談を受けて行う調査と異なり、UXリサーチチームが自主的に行っている探索的な取り組みです。

状況の理解

これまでmaruhadaka PJでは4つのプロジェクトを実施しており、そのときどきで事業やサービスの状況に合わせて調査の目的を設定しています。今回はmaruhadaka2を取り上げて紹介します。

- **maruhadaka1** メルペイをリリースした直後に、お客さま理解の解像度を上げる目的で実施。
- **maruhadaka2** 「メルペイスマート払い」というサービスのリブランディングを行った直後に、サービス自体の認知や利用実態を把握するために実施。
- **maruhadaka3** メルペイを継続的に利用してくださっているお客さまを深く理解することを目的に実施。
- **maruhadaka4** maruhadaka3に引き続き、メルペイを継続的に利用してくださっているお客さまを対象に実施。

maruhadaka2が立ち上がったのは、メルペイスマート払いをリブランディ

ングしたばかりで、リブランディング後のサービスの認知や利用実態を明らかにしたいという目的がありました。また、リブランディングと同時に大規模なキャンペーンを行っていたため、その効果や改善点を把握して今後のマーケティングプランに活かしたいという狙いもありました。

組み立て方

このプロジェクトはPM、データアナリスト、マーケティング担当、デザイナーなど関係者が多く、UXリサーチへの期待や思惑もそれぞれ異なりました。そのため、まずはキックオフ・ミーティングを行い調査後の活用イメージを各自挙げてもらいました。そうすると、メルペイスマート払いのリブランディング前後の変容を知りたいというもともとの目的だけではなく、あれもこれもとテーマが広がっていきました。

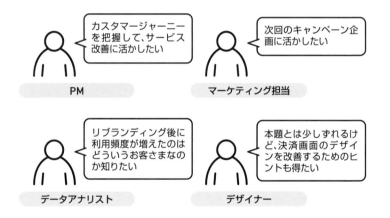

PMの「カスタマージャーニーを把握したい」という意見を踏まえて、リブランディングの前後という点だけで捉えるのではなく、お客さまのこれまでのメルペイ利用歴という線の中で、リブランディングがどのような影響があったのかを捉えることにしました。さらに、データアナリストの「リブランディング後に利用頻度が増えたのはどういうお客さまなのか知りたい」という意見について議論を重ねていったところ、「他の決済手段との使い分けを知りたい」という観点が出てきました。

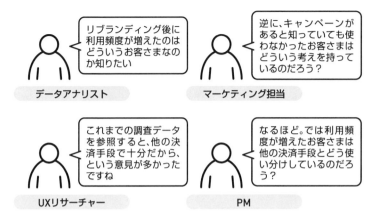

そこで、メルペイのことだけではなく、他の決済手段も含めてお客さまの生活文脈を深く理解し、その中でメルペイがどのように位置づけられているのかを包括的に捉えることにしました。

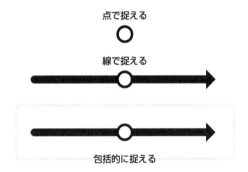

このように、キックオフ・ミーティングでは関係者に意見やアイデアを自由に出してもらい、思いっきり発散させることで調査の新たな切り口やヒントを得られるでしょう。一方で、UXリサーチにかけられる時間やリソースには限界もあります。一通り発散させた上で、プロジェクトで扱うべき問いのスコープを見定めることも重要です。

このプロジェクトでは、「リブランディング後に利用頻度が増えたのはどういうお客さまなのか」という問いを中心に、以下のように調査を組み立てました。

調査全体

　主にデプスインタビューでメルペイの利用歴を時系列に線で捉えた上で、より包括的に捉えるためにダイアリー調査と訪問調査を取り入れることにしました。ダイアリー調査では1ヶ月間の日々のお買い物やお金の動きの記録を取っていただき、訪問調査ではご自宅に訪問させていただいてダイアリー調査のデータについて詳しくお話を伺ったり、実際にお家でどのようにお金の管理をしているのか家計簿などを見せていただいたり、ダイアリー調査に出てきた店舗に実際に足を運んでフィールド調査を行ったりしました。

調査企画書のイメージ

調査目的
- リブランディング後に利用頻度が増えたお客さまのメルペイスマート払いに対する認知理解、利用動機、実際の使い方を明らかにする（線で捉える）
  - これまでのメルペイの利用歴
  - リブランディングの印象
  - キャンペーンの認知理解、利用・未利用理由の把握
- お客さまの普段のお金の使い方を把握した上で、メルペイの位置づけや提供価値を明らかにする（包括的に捉える）
  - 生活文脈における利用実態
    - 1ヶ月のキャッシュフロー
    - お金を使う金額・店・頻度
    - お金の管理方法
  - メルペイ/それ以外の決済手段の選択理由

対象
- メルペイスマート払い利用者（6名）
- メルペイスマート払い未利用者（4名）

手法
- デプスインタビュー
- ダイアリー調査
  - デプスインタビュー後に1ヶ月程度記録してもらう
- 訪問調査
  - ダイアリー調査終了後に実施

調査項目
- 別途詳細化

活用イメージ
- メルペイスマート払いを利用してくださっているお客さま像をペルソナにまとめて、組織の意思決定に役立てる（UXリサーチャー・データアナリスト）
- お客さまのカスタマージャーニーを可視化しサービス改善に活かす（PM）
- 前回キャンペーンの改善点を把握し、次回企画に活かす（マーケティング担当）
- 現状の決済画面の課題を把握し、デザイン改善の仮説出しに活かす（デザイナー）

スケジュール
- デプスインタビュー
  - キックオフ・詳細確定　　12/2〜
  - アンケート配信　　　　　12/9〜
  - 調査協力者の日程調整　　12/12〜
  - 調査実施　　　　　　　　12/16〜
  - 分析　　　　　　　　　　12/23〜
- ダイアリー調査
  - 年末年始から1ヶ月間
- 訪問調査
  - 2月上旬予定

担当者
- クエリ作成（データアナリスト）
- アンケート作成（UXリサーチャー）
- 日程調整（PM）
- インタビュアー（シフト表参照）

予算
- デプスインタビュー
  - 謝礼○○円

- 速記録[*1]○○円
- ダイアリー調査
  - 謝礼○○円
- 訪問調査
  - 謝礼○○円

*1:調査の実施時にその場で書き起こす発言録のこと。

準備・実施・分析の進め方

デプスインタビュー

　調査全体を組み立てたところで、次はデプスインタビューの設計です。キックオフ・ミーティングで具体的に知りたいことをいくつか挙げてもらっていたので、それを参考に質問項目を設計していきました。まずは大枠の流れから組み立てて、詳細な質問を考えていくと良いでしょう。

　大枠の流れとしては、今回はメルペイスマート払いのリブランディングという点だけではなく、メルペイの利用歴全体を線で捉えるのが目的です。はじめに線の全体像を明らかにした上で、点に注目して詳しく聞いていくのが良いのではと考えました。そこで、以下のようなメルペイ利用年表というフォーマットを用意してお客さまと一緒に年表を作っていく手法を取り入れました。

メルペイ利用年表

	知った きっかけ 年　月ごろ				現在 年　月ごろ
主な使い方 （気持ち、サービスへの 気づき・評価 など）					
その時に起きた 出来事 （〜で〜を買う、 〜機能を使う など）					
その時に具体的に 思ったこと （〜を見た、〜に行った、 〜に気づいた など）					

次に詳細な質問です。たとえば、マーケティング担当から以下のような項目を知りたいという要望がありました。

- キャンペーンを知っていたか
- 知っていたがキャンペーンに参加しなかった理由

これをもっと具体的に深掘る質問を5W3Hの観点で考えていくと、キャンペーンについて、以下のような質問が考えられるでしょう。

Who	誰が知ったのか
Where	どこで知ったのか
When	いつ頃だったか
How	どういう印象を持ったか
What	何が還元されると理解したか
Why	なぜ利用した・利用しなかったのか
How much	いくらぐらい利用したか
How often	どのぐらいの頻度で利用したか

こうして膨らませた質問を、答えやすそうな流れで組み立てていきました。質問があまりにも多い場合は優先度をつけて削る必要があります。そして出来上がったのが以下のようなガイドです。

ガイドのイメージ

まず、こちらのメルペイ利用年表を作成してみてください（印刷した利用年表をお渡しする）。次に、ご記入いただいた利用年表を一緒に見ながら、詳しくお話をお聞きしていきます。
- 初めて知ったきっかけを教えてください
  - CM/キャンペーンの場合
    - 認知状況
    - どこで知ったのか

- いつ頃知ったのか
  - どういう印象を持ったか
  - どういう内容だと理解していたか
  - 利用意向とその理由
- どうして使ってみようと思ったのか経緯を教えてください
- これまでの利用について教えてください
  - どういう出来事があったのか
    - 使ったお店
    - 買ったもの
    - 金額
    - 頻度
  - どういうきっかけでよく使うようになったのか
  - そのときの気持ち
  - 使えるお店はどう知っていったのか

ダイアリー調査

メルペイでは初めてのダイアリー調査だったので、どのように組み立てるべきか模索しながら進めていきました。まずはダイアリー調査で明らかにしたいことを書き出してみました。

- 1ヶ月間のお金の動き
  - 収入
  - 支出
- 日々の買い物
  - 購入したもの
  - 時間
  - 購入場所
  - 決済手段
  - 思ったこと

これにより、1ヶ月の行動が記録できるフォーマットと、毎日の買い物を細かく記録できるフォーマットの2つが必要そうだとわかってきます。次に、一番悩んだのが形式です。ダイアリー調査というのがどのような形で行われているのかをネットで調べてみたところ、紙に書いていただく典型的な方法の他、LINEを活用していたり、専用のツールを提供している調査会社もあることがわかりました。そこで、現実的な形式を洗い出し、それぞれのメリット・デメリットを整理してみました。

　まず紙の場合、お客さまにとってはレシートが添付しやすいメリットがあります。レシートを糊づけするページを用意すれば良いでしょう。一方、これまでのUXリサーチで「紙の家計簿が続かなかった」という話はよく聞いており、人によっては記入が面倒で途中で断念してしまうかもしれません。また、分析する手順のことを考えてみると、紙に記載されたものを集計するのは非常に手間がかかります。途中で項目などを柔軟にアップデートすることもできないのも気になる点でした。

　次にLINEの場合、お客さまにとっては使い慣れたツールで、レシートも写真を撮っていただくひと手間はかかりますが、比較的簡単に添付いただけます。デメリットとしては、お客さまによってはLINEアカウントを知られることに抵抗があるかもしれません。また、集計の大変さは紙と同様です。他にも毎日の記録にリアクションを返すべきなのか、質問が来た場合は即時対応できそうか、など運用面にも懸念点がありました。社内で普段LINEを使っていないため、アカウントの運用ルールやデータの取り扱いなどITチームのセキュリティチェックが必須で導入にも時間がかかりそうなのも大きな障壁でした。専用ツールも検討しましたが、質問項目やレシートの添付面などで自由度が低く、お客さまにもそのツールを使いこなしていただく必要がありました。このように比較検討した結果、最終的には紙の形式を選びました。

	お客さま		自分たち	
	メリット	デメリット	メリット	デメリット
紙	●レシートを糊づけして添付しやすい	●紙に書くのは面倒	特になし	●集計が大変 ●途中で形式を変更できない
LINE	●使い慣れている ●レシートの写真を撮る必要があるが、添付は簡単	●LINEアカウント知られることに抵抗があるかもしれない	特になし	●集計が大変 ●都度対応が必要かもしれない ●社内のITセキュリティチェック必須
専用ツール	特になし	使い慣れていない	集計が楽	自由度が低い

　次に、ダイアリー調査の中身です。まず、1ヶ月間のお金の動きを明らかにするために、カレンダーのフォーマットを用意しました。このように記入例をつけておくと、何を書くべきかイメージがしやすいでしょう。

12 December   2019

SUN	MON	TUE	WED	THU	FRI	SAT
1	2	3	4	5	6	7
8	9	10	11	12	13	14
15	16	17	18	19	20	21
22	23 カードの引き落とし額アプリで確認した	24	25 給料日	26 VISAカード引き落とし日	27 エポスカード引き落とし日	28
29	30	31 電気代が紙で届いたのでコンビニ支払い	1	2	3	4

　日々の買い物の記録は時間・支払いしたもの・支払場所・金額・決済手段・考えたことの6つを書く表形式を取りました。また、その日のことを思い出しやすいように、一言メモを書く項目も用意しました。

12月16日（月）　　　　（どんな日だったか一言メモ）仕事の後、チームの忘年会があった

	時間	支払いしたもの	支払場所	金額	決済手段	考えたこと
1	9:00	朝ごはんのおにぎりと飲み物	六本木ファミマ	250	Suica	急いでいたのでモバイルSuicaでさっと決済した
2	12:30	昼ごはん	有楽町松屋	450	メルペイ	営業の出先で松屋の前を通ったらメルペイのシールが貼ってあるのを見つけて、ここでも使えるのかと思って入ってみた
3	14:00	コーヒー	六本木スタバ	450	スタバカード＋現金	残額がわからずスタバカードを出したら足りずに慌てて現金で支払った
4	20:00	忘年会の食事代	渋谷土間土間	4000	○○payで送金	友達に立て替えてもらったので送金した
5						
6						
7						
8						
9						
10						

訪問調査

　訪問調査では細かい質問項目の設計はせず、気をつけるべき点や必ず聞いておきたい観点だけをガイドにまとめて臨みました。

ガイドのイメージ

- 事前準備
  - お手洗いなどは済ませておく
  - 飲み物は持参する
    - 持ってきたことはそれとなく見せて、お茶出しなどお気遣いなくと伝える
  - 可能なら到着する前にいつ頃着くかをリマインドしておく
- 導入（5分）
  - 改めてご協力のお礼
  - 本日の流れのご説明
  - 動画/写真撮影の許可
  - お買い物同行の許可

- ここ1ヶ月の生活に変化があれば
- 日記調査の確認（40分）
  - 1ヶ月のお金の動きの確認
  - 日々の買い物の記録の確認
    - どんな店で買い物しているか
    - それぞれの決済手段を選択した理由
    - メルペイはどんな場面で使ったのか
- お金の管理方法（20分）
  - 具体的に行っている管理方法を見せていただく
  - その中でメルペイはどういう管理をしているか
- お買い物同行（20分）
  - 日記調査に出てきたお店に同行する
  - 何を気にして商品を選ぶのか
  - 販促物の認知
  - お支払い時の行動観察
- お礼（5分）
  - 謝礼についてご説明

　普段つけている家計簿を見せていただいたり、いつも行くお店での買い物に同行させていただいたり、ちょうど給料日の直後にお伺いした方には給与を複数の口座に振り分ける毎月の給料日後ルーティンを再現していただいたりしてお客さまの生活をより包括的に捉えることができました。また、帰り際にダイアリー調査に出てきた店舗を巡るフィールド調査を行い、お客さまと近い目線で体験できたことも学びが多かったです。

結果の活用

　デプスインタビューで関係者が最も衝撃を受けたのは、メルペイスマート払いを利用頻度高く使っているお客さまの中で、サービスの仕組みを理解せずに使っている方が多かったことです。「キャンペーンがあったから使い始めたけど、メルペイスマート払いってどういうことなんだろう」「どうやって使った分を支払うのかいまいちわかっていない」などと何かしらの不安を抱えていることが明らかになり、すぐに改善施策を考え実行することとなり

ました。しかし、部分的な理解ではあるものの、お客さまはメルペイスマート払いのどこかしらに利便性を感じているのも確かでした。たとえば、消費税増税のニュースで国が推進するキャッシュレス還元事業を知り、対象にメルペイが入っていたのと還元キャンペーンがあったので利用開始し、便利なので他の決済手段よりも使うようになったというエピソードがありました。このようにメルペイスマート払いのリブランディングという点だけではなく線で捉えたことにより、増税やキャッシュレス還元など市場のトレンドをつかむこと、そしてサービスの価値を感じていただきキャンペーン後も継続利用いただくのが重要だということが見えてきました。当たり前のことのように聞こえるかもしれませんが、UXリサーチを通して関係者が共通認識として体感できることも大きな価値でした。

増税をきっかけにキャッシュレス還元について調べて、メルペイも対象であることを知った

メルペイスマート払いの還元キャンペーンをCMで知って使い始める

便利なので他の決済手段より使うようになった

また、訪問調査時にお買い物に同行させていただいたり、調査後に実際に店舗に足を運んだフィールド調査の記録も役立ちました。たとえば、とあるお客さまがチェーンのハンバーガー店のレジでメルペイを使えることを知ってよく利用するようになったとおっしゃっていたので、帰り際にその店舗に足を運んでみました。すると、つい先日新しく作ったばかりの販促物が目立つ位置に設置されていたのです。お客さま視点で販促物がどのように目に映っているか観察して得られた気づきは、営業チームや販促物の制作を担当しているデザイナーに共有し、販促物の種類や設置場所を改善するヒントにもなりました。

　ダイアリー調査と訪問調査の後は、KJ法で分析を行いお客さまの意思決定プロセスを構造化しました。ここで見えてきたことは、短期的なサービス改善というよりも、長期的なプロジェクトや次の企画につながっていきました。

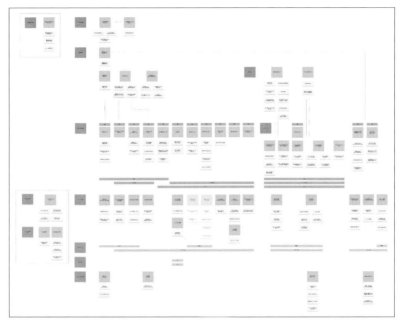

KJ法での分析結果（イメージ）

仲間の増やし方

　maruhadaka PJでは、これまで様々な職種の方とともにUXリサーチに取り組んできました。関係者の期待値や関わり方も様々なため、キックオフ・ミーティングとラップアップ・ミーティングはできるだけ多くの関係者に声をかけて丁寧に行いました。まずキックオフ・ミーティングでは、調査企画書をたたき台に調査の目的をすり合わせ、その場で役割分担も含めて進め方を一気に決めたことにより、多くの関係者を引き込むことができました。ラップアップ・ミーティングは、以下のような手順で1時間ほどで行いました。

1.振り返り（10分）
　それぞれの調査協力者について振り返ってみて、印象的だったエピソードを5つほど付箋に書き出してもらう
2.ダウンロード（30分）
　付箋に書き出したエピソードを紹介し合い、まるでデータを「ダウンロー

ド」するかのように調査協力者についての理解を深める

3.テーマを決める（20分）

　共通点やもっと深掘りしてみたいテーマについて議論する

　これにより、デプスインタビューをすべて見ることは難しくても、大まかな特徴や違い、似ている点などを共有することができます。議論したテーマはUXリサーチャーが持ち帰って分析し、後日改めて結果を共有します。

ラップアップ・ミーティングの様子

仕組みの作り方

　maruhadaka PJでは、分析をスムーズに進めるために速記録を外部のパートナーに毎回お願いしています。調査後に自分で音声を聞き返しながら書き起こしをすると、調査協力者の発言や自分自身の反省点など多くの気づきが得られるものです。しかし、その分手間暇もかかります。1時間のデプスインタビューであれば、書き起こすのに2、3時間はかかると見ておいたほうがいいでしょう。その点、速記録を頼んでおけば調査が終わった瞬間に書き起こしたデータが出来上がっており、すぐに分析に着手することができます。

　maruhadaka PJでは、外部のパートナーの方を毎回指名でお願いしているのも工夫のひとつです。同じ方であればアウトプットの品質が安定しますし、業界用語やサービス用語などを共有する手間が省けて効率良くプロジェクトを進めることができます。このように、外部の頼れるパートナーと関係構築しておくことも、大事な仕組み作りのひとつです。

事例3：おくる・もらう

次に、新規事業コンテストを経て「おくる・もらう」という送金サービスがリリースされるまでのUXリサーチ事例を紹介します。

どのような取り組みか

新規事業コンテストで提案するための戦略検討から、サービスの要件、マーケティングプランの検討まで幅広い要素に携わったプロジェクトです。

1.戦略検討	**新規事業コンテストで経営陣に提案** ロードマップ上の優先度を高めプロジェクト化が決定
2.サービス検討	**要件からビジュアルデザインまで** PMやデザイナーと協働し、検証を繰り返す
3.マーケティング 　プラン検討	**プロモーションやキャンペーンの具体化** サービス検討と並行してマーケティングチームとも協働

状況の理解

送金サービスについてはこれまで何度か検討されており、PMがユーザーインタビューやコンセプトテストを行いサービスのアイデアをすでに検証していた状況でした。しかし、その当時はロードマップ[*2]上で優先度が上がらず、保留となっていたのです。そんな中、社内の新規事業コンテストで送金サービスを提案するチームが立ち上がり、そこにUXリサーチャーもアサインされました。

*2:サービス開発の計画・工程表のこと。

組み立て方

　このプロジェクトでは、予め戦略検討・サービス検討・マーケティングプラン検討の3つのフェーズを見通せていたわけではありません。それぞれのフェーズで必要に応じて、関係者とともにUXリサーチを組み立てていきました。

準備・実施・分析の進め方

　ここでは、それぞれのフェーズごとにどのようにUXリサーチを進めたかを順を追って紹介していきます。

1. 戦略検討

過去の調査データの統合

　まずは状況理解のために、過去の調査データを統合し論点ごとに整理することから始めました。これまでの調査データが蓄積してあったおかげで、このプロジェクトでは、新たに調査を行わなくともすぐにコンセプトテストを活用した戦略の検討に入ることができました。

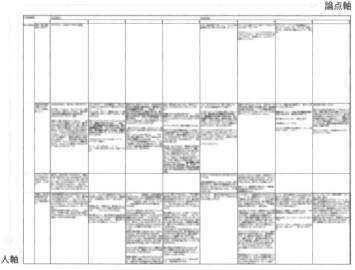

過去の調査データを論点軸・人軸にまとめたイメージ

コンセプトテスト

　過去の調査データを参考に、チームでサービスのアイデアを考えてコンセプトテストを複数回行いました。

　ここで手法としてコンセプトテストを選んだのは、活用方法の観点からです。今回の調査の目的は、新規事業コンテストの提案内容に活かすことです。そのためには、現時点でサービスの要件をユーザビリティテストなどで細かく検証する必要はないと判断しました。それよりも、想定ユーザーはどういうお客さまで、どんな送金サービスならば魅力的にと思ってもらえるのかという戦略をまずは描く必要がありました。そのため、コンセプトテストでサービスのイメージをお見せしながら、利用シーンを探索していくのが適していると考えたのです。

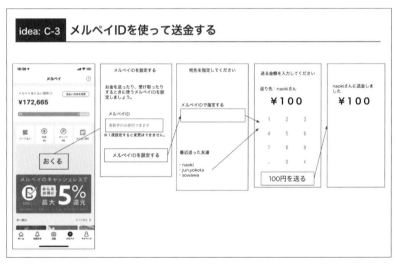

まだアイデア段階でのコンセプトボード

2. サービス検討

ユーザビリティテスト

　新規事業コンテストを経て本格的にプロジェクト化されたあとは、Weekly UX リサーチの中で要件からビジュアルデザインまでの検証をプロトタイプを用いて実施しました。

ユーザビリティテストに用いたプロトタイプのイメージ

3. マーケティングプラン検討

コンセプトテスト

　キャンペーンのコンセプトをテキストで提示し、複数のアイデアを相対比較してもらいながら絞り込んだり、磨いたりしていきました。

コンセプト1

「メルカリシェア／メルペイシェア キャンペーン」

売上金を身近なあのひとにシェアして、一緒にメルカリ／メルペイしよう！
2人とも最大1000ポイントもらえる！

- メルカリの売上金を、メルカリアプリからメッセージカードと共に1円から家族・恋人・友人に送れます。
- シェア相手が**はじめてメルカリを使うと（メルカリアプリのダウンロードと登録が必要）、それぞれに500ポイントがプレゼント**されます。
- シェア相手が**はじめてメルペイを使うと（本人確認が必要）、さらに500ポイントをそれぞれにプレゼント**します

キャンペーンのコンセプトボード

アンケート

　最終的にアンケートを実施し、量的データを参考に想定ユーザーを絞り込み、CMやキャンペーンで訴求する利用シーンも定めました。リリース後にも再度アンケートを実施し、利用実態の調査を行いました。

結果の活用

1. 戦略検討

　まずは過去の調査データの統合により、「そもそも送金という習慣に馴染みがない」「送金相手がメルペイを利用しているかわからない」という2つの課題が見えてきました。ひとつ目は、当時スマホ決済自体もまだ広がり始めたばかりで、さらに送金というサービスはまだまだ利用者は少ない段階でした。そのため、まずは一度利用して便利さを体感してもらうことが重要だと考え、新規事業コンテストではサービスだけではなく、キャンペーンのアイデアも提案しました。

　次に2つ目の課題を解決するために、送金相手がメルペイを利用していなくても別の手段でお金を受け取れるフローをコンセプトテストで検証しました。しかし、これはあまり良い反応が得られませんでした。送金する側も、受け取る側も、そこまでしてメルペイで送金したい理由がなかったのです。この課題にはチームで頭を悩ませていたのですが、コンセプトテストで利用シーンの探索も行っていく中で、家族間での仕送り・お小遣いへの反応が良いことがわかってきました。家族間であれば、他の間柄よりも相手がメルペイを使っているかを知る機会があり、この課題自体が発生しないかもしれません。そこで、家族間の送金をメインの利用シーンとすることに決めました。

scene	メルペイでの送金

A 個人・グループ間の立替
・友人と忘年会でお会計5000円分を立替て支払ってあげた
・友人が「メルペイで送金してもいい？」と聞いてきた

B 仕送り・お小遣い
・家族が仕送りやお小遣いを時々くれる
・最近メルペイを始めたらしい家族から「今度お小遣いもメルペイで送金してもいい？」と聞かれた

C 部活・サークル費用の集金
・部活・サークルの活動費を定期的に集めている
・集金するのが大変なので、「メルペイを使ってみない？」という話が出ている

D ご祝儀
・来月結婚式を予定している
・招待している友人に「ご祝儀メルペイで送金してもいい？」と聞かれた

利用シーンのコンセプトボード

2. サービス検討

　戦略をもとに、メッセージカードに感謝や労いの気持ちを添えて送れるような体験を作っていきました。これによりフローが増えることにはなりますが、ユーザビリティテストを重ねたことにより、使いやすくなめらかな体験を実現することができました。

3. マーケティングプラン検討

コンセプトテストで得た学びは、実際のキャンペーンプランに反映されました。

実際のキャンペーン

また、アンケートの結果、家族間の送金利用意向が最も高いことが量的にも検証できました。そこで、家族間での送金シーンを描いたCMが制作されました。

家族間でメルカリの売上金を「おくる・もらう」でおすそわけする様子を描いたストーリー

仲間の増やし方

1. 戦略検討

　新規事業コンテストでは、有志のメンバーを中心に職種のバランス良くチームが組成されました。役員直下でPM、マーケティング担当、エンジニア、そしてUXリサーチャーがチームになって検討を進めていきました。役割分担としては主にビジネス視点をPMとマーケティング担当、お客さま体験をPMとUXリサーチャー、技術的な面をエンジニアが中心になって検討しました。

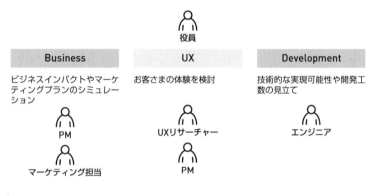

2. サービス検討

　サービス検討の段階では、PM・デザイナーと一緒にユーザビリティテストを行いました。

3. マーケティングプラン検討

　サービス検討と同時並行で、PM・マーケティング担当と一緒にコンセプトテストとアンケートを行いました。しかし、ここで大きな課題がありました。UXリサーチチームは他のプロジェクトで稼働的に厳しく、コンセプトテストとアンケート両方の実行が難しかったのです。困っていたところ、PMが「自分たちでやります」と名乗り出てくれました。そのPMは以前別のプロジェクトで一度ユーザーインタビューを担当した経験があったのです。そこで、コンセプトテストはPM・マーケティング担当の2人におまかせし、

UXリサーチャーはアンケートを担当することにしました。このように、UX リサーチができる仲間を増やしていくのも重要だと感じたプロジェクトでした。

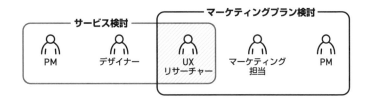

仕組みの作り方

　これまでのナレッジマネジメントの取り組みの結果、過去の調査結果がすぐにたどれるようになっていたことが役に立ちました。また、Weekly UX リサーチの仕組みを使ってコンセプトテストやユーザビリティテストを実施することで、スピード感を持って仮説検証を行いつつ、運用のコストを下げることもできました。

　さらに、コンピテンシーの面でも、過去に開催した UX リサーチの勉強会の取り組みや、他のプロジェクトで UX リサーチを一緒にやる仲間を増やしておいたことが効果的に働きました。

事例4：定額払い

　定額払いのプロジェクトは新しいサービスの立案から実現までUXリサーチャーが伴走した事例です。UXリサーチを広い範囲で活用するイメージをつかめます。

どのような取り組みか

　この取り組みは、「メルペイならではの信用を活かした、購入代金を月々に分けて支払えるサービスを提供ができないか」という考えから、新たな体験をデザインするプロジェクトとして立ち上がりました。

状況の理解

　このプロジェクトが始まった当時は、メルペイでは購入代金を月々に分けて支払えるサービスは提供していませんでした。そのため「どのようなお客さまが既存のサービスを使って高い満足を得ているのか」「具体的にどのような体験が良いのか」などの知見が不足している状況でした。

　そのような状況で、アイデアが固まる前の段階からUXリサーチャーが関わることになりました。しかし、どのようにプロジェクトが進行していくか不確実な状況だったので、予めUXリサーチプロセスを組み立てても状況が変化して使えなくなる可能性もありました。

　そこでプロジェクト全体に対する調査の方向性として、「プロジェクトの状況の変化に応じて、柔軟にUXリサーチを実施し、その結果をすばやく提供できる体制を作る」という考え方で進めることにしました。

組み立て方

　プロジェクトの状況に合わせて柔軟に対応するために、UXリサーチャーもなるべくプロジェクトの議論に参加する方針を取りました。具体的にはUXリサーチャーが、デプスインタビュー、価値の構造化、ペルソナの作成、

デザインワークショップの実施、コンセプトテスト、Weekly UX リサーチを活用したユーザビリティテストなどに取り組みました。これらは最初から全てを組み立てたわけではなく、状況に合わせて実施可能な手段を採用しました。ここからは、それぞれの活動について簡単に説明していきます。

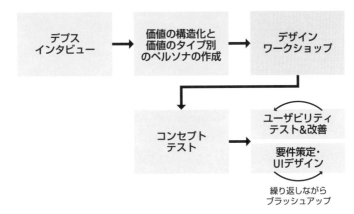

定額払いプロジェクトのUXリサーチに関係するプロセス

お客さまを深く理解するためのデプスインタビュー

前述したように、当時のプロジェクトの関係者には、既存サービスの体験についての知見が不足していました。そこで、「購入代金を月々に分けて支払うサービスを使った体験にはどのようなものがあるか？」という問いを立てて調査をすることから始めました。探索的にデータを集めたかったので、調査手法はデプスインタビューを用いることにしました。そして、調査協力者としては、既存サービスの利用経験者を幅広く呼ぶことにしました。また、質問項目の質を上げるため、社内でも既存サービスの利用経験者を募集して事前調査を実施し、質問項目をブラッシュアップしました。

デプスインタビューをした結果、いくつかの体験のタイプを知ることができました。同じサービスを使っていたとしても、嫌な体験をしたと感じる方もいれば、良い体験をしたと感じる方もいたのです。また、体験に影響しや

すい利用状況や事情についても理解を深められました。これらの体験のタイプは関係者の当初の想像とは異なる部分も多く、この調査を通して視野を広げることができました。

お客さま像を俯瞰して理解するための価値の構造化とペルソナの作成

前述のデプスインタビューを通して、体験のタイプと、タイプごとの物語を詳しく知ることはできました。次に、デプスインタビューで得られたデータをより構造的に理解するための分析をしました。具体的には、すべての発言データを細かく区切り、KA法を用いて発言の裏にある価値を考察し、価値同士の関係性を描きました。分析は、PM、デザイナー、UXリサーチャーが一緒になって進めました。これによって価値の関係の全体像を俯瞰できるようになりました。

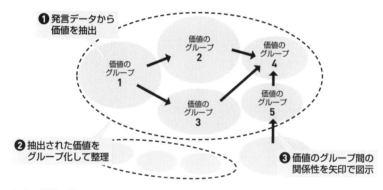

価値の構造の整理

その後、構造化した価値を参考にしながら、価値の感じ方をもとに2軸でお客さまのタイプを整理して、4種類のペルソナを定めました。このように軸を組み合わせて整理したことで、ペルソナごとに、どのような価値を重要視しているかを具体的に理解しやすくなりました。また、ペルソナ間で似ている部分、異なる部分も整理できました。この2軸の図とペルソナは広く関係者に共有されて、プロジェクト内の共通認識を得るために活用されました。

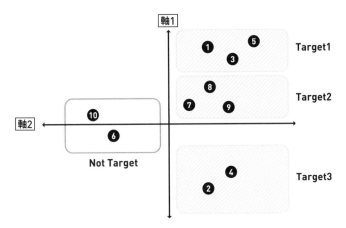

価値の感じ方をもとにした2軸整理と、4種類のペルソナのマッピング

想いを固めてコンセプトを作るデザインワークショップ

調査結果を分析してまとめることができたところで、次は調査結果を用いて「どのようなアイデアを実現すると良いのか？それはなぜか？」を明らかにする必要がありました。そこでUXリサーチャーがデザインスプリント[3]を参考に進行をアレンジしたデザインワークショップを企画しました。ワークショップは1日3時間程度の時間を確保し、5日間かけて行われました。参加者は、PM、デザイナー、BizDev（事業開発担当者）、エンジニア、UXリサーチャーなどが集まり、各自の専門性から多様な意見を交わせるような状況を作ることができました。

[3]:Googleが提唱している、短期間でアイデアを出して検証することを目的としたワークショップのやり方。

デザインワークショップの大まかな流れ

UNDERSTAND	DEFINE	SKETCH
・チェックイン ・調査結果の共有 ・お客さま像明確化	お客さま像をもとに現状と理想のカスタマージャーニーを描く	理想のカスタマージャーニーを阻む要因の明確化 理想を実現するためのアイデア出し

アイデアの選択・カスタマージャーニー具体化	カスタマージャーニーをもとにUIを具体化	コンセプトテスト
DECIDE	PROTOTYPE	VALIDATE

　デザインワークショップは、プロジェクトに関わるメンバーの想いの可視化から始まりました。そして調査結果から得られたお客さま像を参加メンバーで再確認した上で、お客さまの現状（As-Is）のカスタマージャーニーはどうなっているのかをまとめました。これらの手順を通して、既存サービスを使って良い体験をしているポイントや、逆に悪い体験をしているポイントについて、ワークショップ参加者間で深く理解できました。

　その次にアイデア出しを行い、それらのアイデアについて現状のカスタマージャーニーをどのように良い方向に変えるのかという視点で、理想（To-Be）のカスタマージャーニーはどうなるのかをまとめました。これによって、お客さまの体験を俯瞰し、その中で各アイデアがどのように役に立つのかを可視化できました。

お客さまの理想的な体験を俯瞰して描き、各アイデアがどのように役立つかを可視化

ペルソナ名とその特徴	体験の流れ				
	認知	興味喚起	利用	…	利用の完了
理想のカスタマージャーニー			理想の実現に役立つアイデア		
			お客さまの行動		
			お客さまの考えや感情		

　その可視化した結果をもとに、お客さまにとって価値が高く、かつサービ

193

スとしての競争力につながるという指標を設定してアイデアを選出しました。その上で、選ばれたアイデアをもとに、ワークショップ時間中にお客さまの利用シナリオと手書きのワイヤーフレームをまとめあげました。

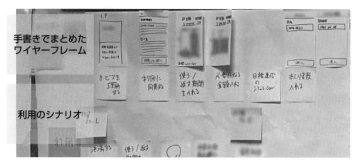

手書きでまとめたワイヤーフレーム

　最後にワークショップの締めくくりとして、お客さま像やまとめあげたサービスのコンセプト、ワイヤーフレーム、具体的な利用シナリオなどを役員にプレゼンテーションしました。そして、ビジネス視点やお客さま視点からどういう点に注意すべきかフィードバックを得ました。役員とこれらのデータを見ながら議論をしたことで、ビジネス面とお客さま視点とのバランスを取った議論ができるようになりました。そして、このバランスはワークショップ後も継続して関係者の間で意識されるようになりました。

ワークショップ後のコンセプトテスト

　デザインスプリントでは、ワークショップ中にプロトタイプを用いた検証まですることが一般的でした。しかし、この時は十分な時間を確保できなかったため、ワークショップとは別に時間を設けてプロトタイプを用いた検証をすることにしました。この段階では「お客さまの不安を払拭し、定額払いを安心して使ってもらえるような機能とはどのようなものか」を明らかにしたいと考えていました。そこで、ワークショップでまとめたUIのプロトタイプと簡単な解説文を用意して、コンセプトテストを行うことにしました。コンセプトテストでは、UIのプロトタイプと解説文を調査協力者に見せながら、利用時の不安を軽減できるかの検証と、改善すべきポイントの洗い出しをしました。また、調査協力者がどのような方なのかを理解するためのデプスイ

ンタビューも行いました。

コンセプト①：先が見通せるシミュレーション
定額払いのプラン（金額や期間）が事前にわかります
あなたの利用状況に基づいて、おすすめのプランをご提案します

この時のコンセプトテストでは、簡易な表現であっても学びを多く得ることができました。テストする初期段階では必ずしも精緻にUIのデザインができていなくても、調べたいことに合った表現方法であれば学びが得られることを実感しました。

要件策定のためのユーザビリティテスト＆改善

コンセプトテストを通してどのような機能を盛り込むべきかが明確になったところで、次はPMとデザイナー、エンジニアなどが何十往復と活発な議論を交わしながら、要件とUIが作り込まれていきました。この段階では「今までにない機能の理解のしやすさや使いやすさを担保するにはどうしたら良いか？」という問いを立ててUXリサーチをしました。手法としては、UIの

プロトタイプを用いて定期的なユーザビリティテストを重ねました。また、このときのユーザビリティテストでは定額払いというサービスの利用意向がある調査協力者をお呼びする必要がありました。そのため、Weekly UXリサーチの仕組みをもとに定額払いのプロジェクト専用で定期的にUXリサーチを実施できる運用体制を作りました。UXリサーチチームが仕組みを整えつつ、実際の運用と調査実施はPMが主に担うようにしました。ユーザビリティテストでは特徴的な機能の検証から始めて、サービス説明画面、申込み時、利用時、清算時、エラー時など、様々な画面や場面の調査を実施しました。調査に参加いただいた調査協力者は100名を超えました。また、ユーザビリティテストは定額払いのサービスのリリース後も継続的に続けられることになりました。

サービスを俯瞰して体験をデザインするための検討合宿

　定額払いはメルペイのサービス内に組み込まれる予定でした。そのため、コンセプトが固まってきた段階で、定額払いを含めてサービスを俯瞰して体験をデザインするための議論が必要になりました。そこで、PMとデザイナーが主導しつつ、メルペイ全体の体験を検討する合宿を開催することになりました。合宿では、「サービス全体をさらにシンプルに磨き上げて、お客さまが理解しやすいようにするにはどうしたら良いか」という問いのもとで議論が進みました。

　半日の合宿方式を用いたのは、必要な情報のインプットからアイデア出し、意思決定に至るまでのプロセスを集中的に行う上で有効だと判断したためでした。また、広いワークスペースを確保し、役職や職能に関係なくフラットに議論できる環境を作る意図もありました。

　検討合宿には、担当役員、CPO（Chief Product Officer）の2名を含め、定額払いのデザイナー、メルペイのメイン画面の担当PMとデザイナー、UXリサーチャーが参加しました。最初に、今までの調査結果や検討しているコンセプトが共有されました。その後で、既存のUIがどうなっているか、現在検討中の定額払いのUIがどうなっているのかを確認しながら議論が進みました。そして、どのようなUIの改修が必要になるか、改修するとしてどのように直すことがお客さまにとって良いかを、調査結果も踏まえながら方

向性を決めていきました。そして、その議論の中で、定額払いが導入された
メルペイスマート払いの使いやすさを検討した結果、図に示すようなカード
型をした特徴的なUIのアイデアが生まれました。結果的にこのときに出た
アイデアがUIを大きく変更する転機となりました。

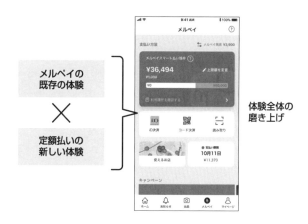

この検討合宿の前までは、主に定額払いに閉じて議論してきましたが、合
宿後は定額払いに限らず様々な関係者を交えて議論が始まりました。PMや
デザイナー、エンジニアなどが活発に議論しながら毎日のようにUI案が変
化していき、1ヶ月の議論を経てまとまっていきました。

得られた気づき

この事例は、UXリサーチを行うたびに良い発見があるプロジェクトでした。
特にここでは、定額払いのコンセプトを決める際に影響を与えた、デプスイ
ンタビューでのエピソードを紹介します。

デプスインタビューでは、既存サービスに関する良い体験談を聞けました。
たとえば、大学の卒業前に長期の海外旅行に時間を使うなど、今しかできな
い経験を重視していた方がいました。そのために、アルバイトをしてお金を
貯めてから行くのではなく、後払いサービスを使うことで時間を節約してい
たのです。その他にも、高価な楽器を分割払いで購入して、プロになるため
に自分のスキルを少しでも早く向上させようとする方もいました。この方々

は、サービスを利用したことで良い体験が得られたと考えていました。

　一方で、ついつい使いすぎてしまうのではないかという不安や、後で支払いが辛くなるのではないかという不安があったこともわかりました。さらに、実際に嫌な体験をしたと感じた方の体験談も知ることができました。

　これらの体験談から、このプロジェクトでは「月々に分けて支払えることによって人々を豊かにする可能性を活かしつつ、使いすぎなどの失敗をしなくて済むデザインとは何か」という問いが立てられました。そして、「お金が原因で諦めることをなくして、時間的価値を得られるようにする」という定額払いのコンセプトにつながっていきました。また、サービスがリリースされた後も、立てた問いに対してより良い解決策を作り出せるように社内では活発に議論が続けられています。

結果の活用

　デザインワークショップに調査結果を活かすことで、「なぜ我々が月々に分けて支払えるサービスをデザインするのか」を参加者が深く議論し、その意義を明確にすることができました。そして、お客さま視点として何を重視したいのか、またビジネス視点とどのようにバランスを取っていくのか、といった重要な議論をサポートできました。ここで議論されたことは、サービスのコンセプトを一貫させ、様々な意思決定の場面で参照されました。

　また、デプスインタビューとデザインワークショップによって生み出されたサービスのコンセプトは、2019年に開催されたメルペイカンファレンスでムービーとして紹介されました。サービス開発そのものへの活用だけでなく、このようなムービーを制作する上でも、UXリサーチの結果を活かせたのです。

　そして、カンファレンスでの発表後もサービスの開発が進み、定額払いは、2020年7月にリリースされました。コンセプトの検討時に出た、視覚的にわかるシミュレーション機能や、清算時に定額払いがあと何ヶ月続くかを見通せる機能などが実現されました。それらによって、お客さまがどのぐらい定額払いを利用しているのか、手数料がどれぐらいかかるのかがわかりやすくなりました。

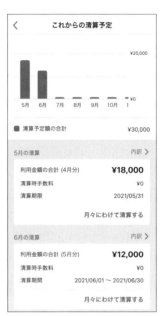

定額払い利用時に表示されるシミュレーションと、今後の清算の見通しが見られる画面

　定額払いのプロジェクトでは、UXリサーチを通して得られた洞察を活かしてサービスのコンセプトが作られ、そしてそのコンセプトをもとにサービスが開発されました。さらに、より便利で使いやすいサービスに進化させることを目指して、リリース後もコンセプトに基づいてアップデートが続けられ、その中でUXリサーチも活用され続けています。

仲間の増やし方

　プロジェクトの初期段階からUXリサーチャーが関わり、主にやり取りしたのはこのプロジェクトをリードするPMでした。そのPMがUXリサーチに明るく、UXリサーチャーの可能性を見初めて初期段階から声をかけてもらえたのです。UXリサーチャーはPMに伴走しながら、調査・分析のサポートとデザインワークショップの設計・ファシリテーションを担当しました。また、デザインワークショップでは、PMだけでなくデザイナーやエンジニア、BizDevなど幅広いメンバーの協力のおかげで、多様な意見が得られました。

関係者を引き込む時は、なるべく参加する意義が伝わるように意識しました。たとえば、デザインワークショップをする時は、関係者に「どういうお客さまにとってどういう価値があるサービスなのか認識を揃えてアイデア出しを短期間でできるよう、ワークショップ形式でやりましょう」と声をかけました。また、ワークショップの序盤で参加者のプロジェクトに対する想いを共有する時間を作り、その結果をこまめに参照するようにすることで想いがぶれないようにしました。さらに、ワークショップのクオリティを落とさずになるべく短時間で行えるような工夫もしました。それでも時間が足りない部分はUXリサーチャーが議論した結果を持ち帰って整理し、次のワークショップの時間までに整理した情報を提示できるようにしました。さらに、途中参加の人がいてもキャッチアップできるような情報の整理やワークショップの進行を心がけていました。このように、関係者が参加する意義を感じてもらうことと、誰でも参加しやすい状況になっているかを常に意識していました。

　他の引き込み方の例として、コンセプトをもとに要件やデザインを決めていく段階についても紹介します。この段階では、PMとデザイナーが非常に活発な議論をしていました。UXリサーチャーはその議論に合わせて、定期的なユーザビリティテストと改善の提案をするようにしました。タイミング良く結果をPMとデザイナーにフィードバックすることで、お客さま視点での議論をサポートできました。

　メルペイには、PMやデザイナーなどが良いサービスを実現するために活発にコラボレーションする意識があります。この文化の後押しを受けつつ、UXリサーチャーが多様な場面で関わることで、UXリサーチを活かして多様な意見が出るような場作りができました。

仕組みの作り方

　最初に実施したデプスインタビューは、このプロジェクト専用に組み立てました。要件を具体化していく段階では、Weekly UXリサーチの運用体制を横展開し、PMが主体となって定期的にUXリサーチを実施できる体制を効率的に構築しました。しかし、状況に応じてUXリサーチを組み立てていた

ので、全体としては仕組みを作ることが難しい事例でした。

注意点

　この事例は、設計した通りに整然とUXリサーチが進んでいるように見えたかもしれません。しかし実際は、プロジェクトが進む中で状況に合わせて、設計を組み立て直す場面はたくさんありました。他にも、コンセプトを体現するために必要な機能のいくつかが、リリース時には実現できなかったという課題もありました。その背景には「なるべく早くサービスをリリースしたい」「想像以上に機能の開発が難しい」などの理由がありました。それらの機能がないことで、お客さまにご不便をおかけする場面もありました。また、開発が難しい機能については、エンジニアを始めとして社内の関係者に大きな負担をかけることにもつながりました。

　これらのことからもわかるように、お客さまの体験に寄り添うことは、ビジネス視点や技術視点からみると非効率に見えることがあります。そのため、お客さま視点、ビジネス視点、技術視点のバランスを常に探りながら、サービスを磨き続けていくことが大切です。いくら良いお客さまの体験を描けたとしても、ビジネス視点、技術視点とのバランスが取れていなければ絵に描いた餅です。定額払いのプロジェクトでは、リリース時に得た学びを活かして、それらの視点のバランスがより上手く取れるようにサービス開発を続けています。

事例5：初期設定フロー

　定期的にUXリサーチをしていると、毎回のUXリサーチで似たような項目について質問したり、検証したりすることがあります。これらのデータをまとめて俯瞰して分析することで、新しい発見につながることがあります。

　ここでは、このような俯瞰した分析の事例として、iDの初期設定フローの事例を紹介します。

状況の理解

　メルペイをリリースした当時、iDの初期設定フローは他のスマホ決済にはない特徴的な体験でした。QRコードでの決済と比べると、iDは初期設定が多く、設定が終わらないとその便利さを体感しにくいという性質がありました。そのため、初期設定フローをできるだけ簡単でわかりやすくすることが重要であり、「初期設定フローのどの部分で、どのような不安を感じる可能性があるのだろうか？」という問いがありました。しかし、当時はUXリサーチャーの稼働も限られた状況でした。

組み立て方

　このような状況から、新たに調査をしてデータを得ることは難しいと判断しました。そこで、今までに蓄積していた質的データを俯瞰して分析することにしたのです。当時メルペイをリリースした直後だったため、お客さまがどの時点で設定をやめてしまうのかという量的データ（利用ログ）が取れ始めた時期でした。その量的データと突き合わせできるように、蓄積していた質的データを分析することにしました。まずは初期設定フローのユーザビリティテストの速記録のデータを文単位で区切り、ラベルを付けながら不安に該当する発言を抽出します。そしてその発言はどのようなタイプの不安で、初期設定フローのどの部分に関するものかを分類していきました。最後に、

不安のタイプを縦向き、初期設定フローを横向きに並べて、フローのどこで不安が発生し、その後にどう影響を与えるのかを、視覚的にわかるように図で表現しました。

結果の活用

完成した図によって、量的にどのタイミングでどの程度の人が設定をやめてしまっているのかと、質的にどのタイミングで不安を感じる可能性があるのかを同時に俯瞰できるようになりました。

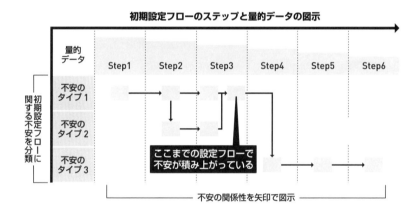

このような図があることで、関係者は量的データと質的データの両方を意識しながら改善案の検討を進めることができました。たとえば、量的データで課題が見えていたステップよりも前からお客さまは不安を感じ始めていることがわかりました。そして、ステップが進むごとに不安が積み上がることも示唆されました。それらの気づきから、「なるべく前のステップから不安が一定以上に積み上がらないようにする工夫が大事ではないか?」という改善の方針が決められていきました。

仲間の増やし方

このプロジェクトでは、データアナリストが初期設定フローについて量的

データに基づいた分析をして議論が先に進んでいました。そこに質的データの分析結果を突き合わせることでUXリサーチャーがプロジェクトの議論にうまく合流でき、結果としてPMやデザイナーとも連携しながらプロジェクトを進めることができました。

仕組みの作り方

　このような俯瞰した分析をするには、調査の記録をしっかり残しておく必要がありました。たとえば、Weekly UXリサーチでは、レポートに加えて発言内容をそのまま記録する速記録を残すように運用していました。そのため、この取り組みでは、速記録を分析用のデータとしてそのまま使えました。また、初期設定フローに関する分析過程と分析結果の残し方も工夫しました。社内の関係者がアクセスしやすくなるように、分析過程はGoogleスプレッドシート、分析結果はGoogleスライドを用いて表現し、社内で標準で使っているサービスだけを使いました。これによって分析結果の閲覧や引用がしやすくできました。

　もしもデータの残し方が不十分だと、俯瞰して分析することは難しくなります。たとえば、記録として箇条書きのメモだけを残すとします。すると、後から見返しても発言の意図が読み取りにくくなります。また、せっかく重要な発言があっても書き漏らしていることもあります。レポートにまとめてあったとしても注意が必要です。レポートは目的に合わせて情報が取捨選択されています。そのため、後からレポートデータだけを見直して分析すると、データの抜け漏れがあったり、読み取り間違いも起きたりします。とはいえ、UXリサーチを実施した時点で発言を書き起こすことが難しい場合もあります。そういうときは、録画をしておいて調査概要と日付と一緒に整理しておくのも手です。後から一次データを参照できるように工夫しておきましょう。毎回ちょっとだけ手間をかけておくことが、未来の自分への大きなギフトになります。

注意点

　このような複数回のUXリサーチのデータを俯瞰する分析は、あらゆるデータに対してできるわけではありません。調査ごとに提示しているプロトタイプやコンセプトが大きく変わっていたり、調査時点の状況と現状が大きく変わっていたりする場合はデータを使うべきではありません。たとえば、新型コロナウイルスの流行前と流行後では大きく状況が変わって流行前の常識が通用しない部分があり、一部のデータは分析には使えないと判断したこともあります。調査内容自体の変化と世の中の状況の変化を常に意識しながら、過去に蓄積された複数回のデータを分析に使えるのかを真摯に判断していく姿勢が大切です。

事例6：Weekly UXリサーチ

　毎週・隔週などのペースで定期的にUXリサーチができる枠を用意し、様々なUXリサーチ案件に柔軟に対応できるようにする仕組みの事例です。

どのような取り組みか

　調査の実施曜日を固定し、ユーザーインタビューやコンセプトテスト、ユーザビリティテストなどを依頼内容に応じて組み合わせて実施する取り組みです。メルペイの場合、水曜をWeekly UXリサーチの日としています。通常、UXリサーチをしたいと思ってからリクルーティングを始めると数日間から数週間ものタイムラグが発生してしまいます。しかし、予めこのような仕組みを用意しておけば、スピードを落とさずに実施できます。デザインスプリントやスクラム開発とも相性がいいでしょう。直近はリモートで実施するようになったり（後述の「リモートUXリサーチ」参照）、毎週から隔週での実施に変更したりと状況の変化はあるものの、メルペイのUXリサーチ文化の中心となっている仕組みといえます。

状況の理解

　メルペイでは、サービス立ち上げ初期からPMが毎週のペースでUXリサーチを継続していました。UXリサーチャーが着任してからは、その取り組みを引き継ぎ、より進化させてきました。

　新規サービス立ち上げにおいては、利用ログなどの量的データはない状況からのスタートとなります。そのため、ユーザーインタビューやユーザビリティテストをはじめとする質的データに基づき意思決定を積み重ねるUXリサーチの文化が作りやすいフェーズだったといえるでしょう。

組み立て方

　1回90分のUXリサーチを1日4回実施できるように枠だけ用意しておき、その時間内にどのような調査をするかは柔軟に決められるようにしています。前半にデプスインタビュー、後半にコンセプトテストやユーザビリティテストを数件組み合わせて実施することが多いです。

　週のスケジュールは以下のようなイメージです。

- **月曜**　調査協力者確定。PMやデザイナーと打ち合わせし、調査の流れや検証したいことをすり合わせる。
- **火曜**　調査で使うプロトタイプを共有してもらい、調査の設計を行う。
- **水曜**　調査の実施。PMやデザイナーは中継を視聴して観察する。
- **木曜**　レポートを作成し、調査の結果を共有。翌週の実施案件を募集し、調査協力者の条件を決めて選定する。
- **金曜**　調査協力者との日程調整開始。

　曜日を決めて定期的なUXリサーチの機会を提供することで、今週の結果を見てデザイン変更したものをまた翌週検証する、といった反復的な検証を実施できています。

	月曜	火曜	水曜	木曜	金曜
UX リサーチャー	調査協力者 確定	調査設計	調査実施	●レポート作成 ●共有 ●翌週の案件募集 ●翌週の調査 　協力者の選定	日程調整 開始
デザイナー・ PM	●プロトタイプ 　作成 ●観察のポイント 　共有	プロト タイプ 共有	観察	プロトタイプ 修正	

仕組みの活用

　これまで最も多くWeekly UXリサーチの仕組みを活用した「アプリでかんたん本人確認」機能の事例を紹介します。これは、3章でも説明しましたが、「eKYC」と呼ばれる機能で、運転免許証やマイナンバーカードなどの本人確認書類をスマートフォンで撮影するだけで本人確認を行うことができます。

　このeKYCの開発では、以下のような3つのフェーズでUXリサーチが活かされました。順を追って説明します。

リリース前	リリース後	リニューアル
● プロトタイプや開発環境で検証	● 本番環境での検証を継続 ● 新たに保険証やパスポートでの本人確認機能を追加	● フローを見直し、大幅に体験をリニューアル

リリース前

　2018年11月の法改正により日本でもeKYCが利用可能になりました。メルペイでも検討を始めたのですが、日本ではまだ前例がなく参考にできる情報が少ない状況でした。前例がないということは、お客さまにとってもこれまで見たことのない初めての体験になる可能性が高かったのです。そこで、Weekly UXリサーチの仕組みを活用して14週連続、60回ものユーザビリティテストを実施しながら検証を積み重ねていきました。回数だけを見るとものすごくリソースをかけているように感じるかもしれませんが、1回あたりは15分程度です。

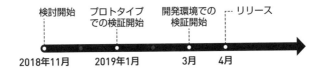

　これまでもオンラインでの本人確認サービスはありましたが、本人確認書類の表・裏を撮影するだけのものが一般的でした。しかし、この機能は本人確認書類とご自身の顔を同時に写していただく体験となっていました。そのため、お客さまがこれまで体験したことがあるフローを想定して進めていると「自分の顔も写すの!?」と驚いてしまうのです。これは実際に撮影する時の操作感が非常に重要な機能のためプロトタイプでの検証には限界もあり、途中から開発環境での検証も行いました。

　調査をはじめた当初は、タスクの完了率が非常に低く全員が操作を完了できない日もありました。あまりの使いづらさに、お客さまがイライラをあらわにすることもあったほどです。しかし、検証と改善を積み重ね、リリース直前の週には全員がタスクを完了できる状態までに至ったのです。この経験を通して「これならいけそうだ！」と自信を持てたのもチームにとって大きな出来事でした。

リリース後

　リリース後も利用実態を把握するべく、本番環境でのユーザビリティテストを6週、24名に継続していきました。また、リリース時は免許証のみに対応していましたが、保険証やパスポートなど他の本人確認書類の機能追加を行うことになりました。その際も14週にわたって56回のプロトタイプでの検証を実施し、スピードを落とさずに進めることができました。

　こうした機能追加や改善を行う際、調査したくてもWeekly UXリサーチのような仕組みがなければゼロから調査を組み立てる必要が出てきます。そうすると、面倒だし費用対効果も見合わないので調査せずにリリースしてしまおう、となるかもしれません。もちろん、本当に調査が必要なのかの見極めも重要ですが、Weekly UXリサーチの仕組みがあるから他の案件のついでにやってみよう、ぐらいの軽い気持ちでできるのもいいところです。

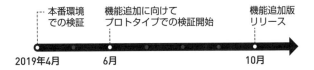

リニューアル

これまでのUXリサーチの積み重ねで明らかになった課題を参考に、大きくフローを見直しリニューアルする検討が始まりました。この時も8週にわたり、32回の検証を重ねてリリースに至りました。

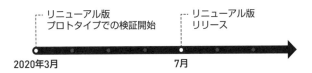

仲間の増やし方

メルペイでは、週に一度全社員が参加する全社定例があります。そこでWeekly UXリサーチの取り組み自体や事例を共有したり、実際にお客さまがサービスを使っている様子の動画を見せたりしながら認知拡大を目指してきました。はじめはPM、デザイナーと協働することが多かったのですが、徐々にマーケティングやBizDev、データアナリストなどの組織からも相談してもらえるようになっていきました。Weekly UXリサーチをきっかけに効果を実感した方にその後いろいろなプロジェクトに声をかけてもらうこともあり、UXリサーチの営業ツールのような役割も担っているともいえます。

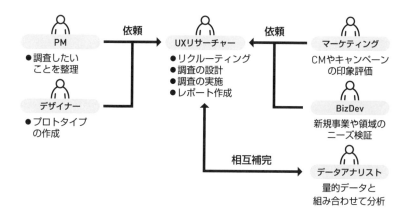

仕組みの作り方

　UXリサーチチームが引き継いでから、仕組みの作り方には以下のような変遷がありました。

Phase1：調査会社との協働

　最初はリクルーティングを外部の調査会社に委託し、なるべく運用負荷を下げるようにしていました。月に一度スクリーニング用のアンケートを作成して調査会社にお渡しし、アンケート配信をお任せします。そして納品いただいた回答者リストの中から毎週調査協力者を選定してお伝えし、日程調整から実施後の謝礼のお渡しまでをお願いするという流れです。

Phase2：リクルーティングの内製化

　次に、リクルーティングの内製化を行いました。これには予算削減のメリットがありますが、その代わりタスクが増えてリソースが必要になります。そのため、リサーチアシスタントを採用し運用を整えていきました。

Phase3：リクルーティングの横断化

　スクリーニング用のアンケートで幅広い質問を聞いておくことで、Weekly UXリサーチ以外のプロジェクトでも同じ調査協力者のリストを活用できるようにしました。こうすることで、リクルーティングの回数を減らすことができ、さらなるコストの削減ができました。

事例7：リモートUXリサーチ

　リモートUXリサーチとは、非対面で離れた地にいる人とUXリサーチをする方法です。そのための仕組みを整えた事例を紹介します。特定のサービスに関する事例ではありませんが、状況に合わせたUXリサーチの仕組みの作り方として参考になるでしょう。

どのような取り組みか

　もともとメルペイのUXリサーチチームは、お客さまをオフィスにお呼びして対面でUXリサーチを実施していました。しかし、新型コロナウイルスの影響で全社的に自宅から勤務することになりました。これに合わせてリモートでもUXリサーチを実施できる仕組みを作ることになりました。この取り組みでは、リモートでのUXリサーチで必要なことを整理し、市場にある既存ツールの調査をした上で、適した仕組みの実現を目指しました。

状況の理解

　対面でUXリサーチをしていたときは、予め調査用のデバイス（スマートフォンなど）にプロトタイプを用意していました。そして、調査協力者にそのデバイスを直接操作してもらいながら、UXリサーチャーはその様子を横で見て意見を聞いていたのです。このように、実装前のアイデア段階のUIをプロトタイプとして表示して調査をすることがほとんどでした。プロトタイプは完全なものではないので、作られていない箇所については、調査協力者の操作に合わせてUXリサーチャーが手動で画面遷移などをさせる必要があります。また、調査協力者による一通りの操作が終わったあとに、詳しく話を聞きたい画面があれば、UXリサーチャーが手動で画面を遷移させながら振り返る必要がありました。

　このような状況を踏まえ「対面のときにできていたUXリサーチと同じよ

うに必要な操作を、リモートUXリサーチでもできるようにするにはどうしたら良いか？」という問いを立てました。また同時に、何か諦めなければならないことはあるか？リモートだからできることはないのか？という視点でも検討をすすめることとしました。

組み立て方

　次に、立てた問いをもとにリモートUXリサーチを実現するため、調査協力者とUXリサーチャーとがリモートでもお互いに画面を操作できる仕組みを検討することにしました。

　まずは、市場にあるプロトタイピングツールやWeb会議ツール[4]を調査し、プロトタイピングツールが提供する共有機能を使えないかを検討しました。たとえば、URLを共有すれば誰でもプロトタイプを開いて操作できる機能があります。しかし、よくよく調べてみると、調査協力者とUXリサーチャーがお互いに操作し合うことが難しいことがわかりました。

> [4]：Google Meet（https://meet.google.com）やZoom（https://zoom.us）

　その後、他の実現方法としてリモートデスクトップという機能を使うことを思いつきました。リモートデスクトップとは、あるPCから別のPCにリモート接続をして操作をできるようにする機能です。具体的には、Googleが提供しているGoogle Remote Desktopを使えば、調査用PCに表示したプロトタイプを調査協力者のPCから遠隔操作できることがわかりました。さらに、Google Meetで操作の様子を画面共有すれば録画機能で記録ができ、かつGoogle Live Streamingで社内中継もできました。なお、Zoomを使っても同じような環境が作れることも確認しましたが、最終的にGoogleのサービスを選択しました。社内でGoogleのサービスが使われており、導入や運用のコストを小さくできることが決め手になりました。

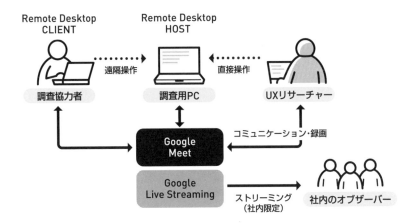

その他にも、どのような調査にこの仕組が利用できるかも検討しました。調査用のPC上にプロトタイプを表示してリモート操作してもらうと、実際のデバイスに比べてフレームレート[*5]が低くなるので、その影響を考慮する必要があったためです。その検討の結果、主に情報構造に関するユーザビリティテストはできると判断しました。たとえば、ひとつの画面に表示されている情報を理解できるか、次にどのような操作をすると良いかわかるか、逆に不安になったり途中で操作をやめたいと思う情報や画面遷移はあるか、などです。また、画面上で見ている箇所にマウスカーソルを動かしてもらうことで、どこが着目されるかも、ある程度なら確認できることもわかりました。一方で、スマートフォンならではのUIの細やかな操作感や、アニメーションの効果を調査したい、などの目的には使うべきではないと判断しました。

*5:1秒あたりに処理するフレームの数(静止画像数)のこと。数値が高いほど画面の動きがなめらかに見える。

実施の仕方

まず調査用PC上にプロトタイプを表示します。次に調査協力者のPCから、リモートデスクトップの機能を使って調査用PCにリモート接続します。これで、調査協力者もUXリサーチャーも両者とも調査用PCが操作できる状態になるので、あとは予め設計した手順に従って調査をします。

他にも、この仕組みを使って実機のスマートフォンの画面を調査用PCに表示することもできます。調査協力者に画面を見てもらいながらマウス操作や、「スクロールしたい、ここをクリックをしたい」などと発話をしてもらいます。それらに合わせてUXリサーチャーが実機のスマートフォンの操作を代行することで、調査協力者は自分で操作しているような感覚を持てます。UXリサーチャーが操作を代行するので操作はゆっくりになりますが、このようなやり方でも前述した情報構造に関する調査はある程度可能です。

自宅からリモートUXリサーチをする様子

仕組みの活用

　この仕組みは、リモートUXリサーチをするときのひとつのやり方として社内で活用し続けています。また、全社にやり方を共有したことで、UXリサーチチーム以外でも幅広く活用されるようになりました。このように、使いやすい仕組みを作ることでより多くの人がUXリサーチをする機会を増やしたり、効率的に行えるようにしたりできるのです。

リモートのメリット

　対面でなくてもUXリサーチができることは大きなメリットです。これまで以上に、色々な地域にお住まいのお客さまからお話を聞く機会を得られています。また、オフィスまで足を運んで頂く必要がないので、より多様な方が調査に協力してくれるようになりました。たとえば、仕事の休憩中に車から参加する方、足が不自由な方などがいらっしゃいました。いままでは対面

を前提にしていたことで、機会が限られていたことに気付かされました。また、社内においても、中継機能を使うことで、調査協力者にプレッシャーをかけることなく、より多くの関係者が気軽に調査を見られる機会を増やせます。

　その他にも、リソースに関するメリットもあります。たとえば、今回紹介した仕組みは、PC一台とインターネットがあれば良く、UXリサーチ専用の機材は不要です。調査を実施するための場所を確保しておく必要もありません。対面で実施していた時は、急にUXリサーチを実施することになっても、場所を確保するための調整に時間を要していました。リモートになればその点を気にする必要がないので、調査実施までの準備期間を短くする、複数のUXリサーチを並列で実施する、といった検討がしやすくなりました。

　最後に、リモートワークが前提になって、対面で仕事をしていたときよりも雑談的なコミュニケーションが減ったように感じます。そのような状況において、リモートUXリサーチの様子を見るために関係者が集まることが、雑談の機会やお客さまに対する共通のイメージを作る機会になることもあります。リモートワークだからこそ、関係者がお客さまを見ながらコミュニケーションできる機会が、より大切なものになっているのかもしれません。

注意点

　このリモートUXリサーチの仕組みは、対面のときに比べて注意して調査を進めるべき点があります。ここでは、代表的なものを紹介します。

　まず、リモートデスクトップでプロトタイプを表示するので、フレームレートが5〜10fpsと低いです。かつお互いの通信環境に依存します。また、PC上に表示したスマートフォンの画面を操作するので細かい操作感は異なります。そのため、スマートフォンならではのなめらかな操作感を確かめることは難しいです。さらに、調査協力者のカメラ映像もフレームレートや解像度、画角の問題でボディランゲージや表情を読みきれないことがあります。また、カメラをオンにできない方もいて、その場合は声だけの情報になってしまいます。

　次に、対面での実施よりは得られる情報が減ります。通信の遅れのため会話のテンポが遅くなることと、聞き直しが増えることが主な原因です。対面

での実施と比べて1.3〜1.5倍の時間がかかると考えた方が良いでしょう。ま た、システムがうまく動かず復旧に時間がかかることもあります。その他に も、調査協力者がリモートデスクトップ機能対応のデバイスやブラウザを使っ ていない場合もあります。このように対面よりもトラブルが起きやすく時間 もかかりがちです。そのため、時間に余裕をもたせて組み立てることが重要 です。また、うまく行かないときに調査を中断しなくて済むように、対面の 時以上に注意深く代替案を準備しておきましょう。

　今回紹介したリモートUXリサーチの仕組みは、プロトタイプを使った情 報構造に関するユーザビリティテストには有効です。一方で、状況が異なれ ば他の仕組みを使う方が良い場合があります。たとえば、既にリリースされ たアプリを調査したいとします。その場合は、調査協力者のスマートフォン にアプリを入れて使ってもらい、調査協力者のPCのカメラを使ってその様 子を中継してもらうほうが良いでしょう。また、予め調査用の機材を送って おく方法もあります。配送の手続きやセットアップのサポートには時間を要 しますが、調査協力者の状況や調査の目的によっては検討してみてもいいか もしれません。他にも、精緻なプロトタイプを用意できるなら、プロトタイ ピングツールの共有機能を使って、URLを共有する方が簡単です。調査協力 者のデバイスで直接操作してもらう方が、細かな操作性も含めて体感しても らえます。しかし、調査協力者が操作していて違和感が出ないように、細か い操作や画面遷移まで含めてプロトタイプが作られているか、共有の権限設 定やセキュリティに問題がないか、などはしっかり確認しておきましょう。 ユーザーインタビューやコンセプトテストをしたい場合は、オンラインミー ティングツールの画面共有機能さえあれば十分です。複雑な仕組みを作る必 要はありません。

　世の中にはリモートでコミュニケーションするためのアプリケーションや サービスが数多く提供されています。いろいろ試してみながら、あなたの状 況に合うものを選べるようにしましょう。

本章のまとめ

- [ ] UXリサーチを活かすために、状況に応じて組み立てることを忘れない

- [ ] UXリサーチは、ひとつの手法だけでなく、複数の手法を組み合わせたものまで様々なやり方が考えられる

- [ ] 必ずしも計画通りに進められるとは限らないため、状況変化に合わせてUXリサーチを組み立て直すこともある

UXリサーチャーのしくじり

ユーザーインタビューがうまくいかない

　ユーザーインタビューを始めたての頃は、話が膨らませられずに1時間予定のインタビューが20分で終わってしまったり、途中で頭が真っ白になってよくわからないことを言ってしまったり、緊張でお腹が痛くなったりは日常茶飯事でした。しかし、場数を踏むと慣れていったのと、音声を聞き直して振り返ることで修正していくことができました。

全部を1人でやる羽目に…

　UXリサーチのプロジェクトに関係者を引き込むことが上手くできず、結局何十件ものユーザーインタビューを1人でやることになり「こんなはずじゃなかったのに…」と大変な思いをしたことがありました。それ以降、キックオフ・ミーティングで役割分担も決めるようにしました。特に、ユーザーインタビューのシフト表を用意しておき調査に参加できる時間を記入してもらうのは効果的でした。

「で、何したらいいんだろう？」

　はじめに目的をすり合わせずになんとなくUXリサーチを進めてしまうと、終わってから「いろんなことがわかって面白かったけど…で、何したらいいんだろう？」となってしまいます。せっかく調査をしても、活用されないと悲しいものです。こうならないように、UXリサーチを組み立てる段階で活用方法から逆算する思考が大事です。

レポート伝達係になってしまう

　以前、チームメンバーに「UXリサーチャーからももっと意見をいってほしい」と指摘されたことがありました。「調査結果はこうでした」とレポートをただお渡しするだけで終わらず、「調査結果を踏まえて、こうするのはどうでしょう？」と議論を巻き起こしていかなくてはと反省しました。一方、「こうしたい！」という想いが強すぎると結果の解釈にバイアスがかかってしまう恐れも

あり、バランスが難しいところではあります。今は、調査結果を共有する際に事実・考察・提案をわけて伝えるようにしています。

アンケートの考慮漏れ

　アンケートでも失敗をすることがあります。たとえば、回答を集めてみたら思ったより「その他」の回答が多く、選択肢が十分考慮できていなかったのです。これにより全く使えないデータになるわけではないですが、もっと精度を高められたはずだと反省します。このようなしくじりを避けるには、レビューの時間をしっかりとることも大事です。いろいろな立場の人に見てもらうことで、検討漏れを減らすことができます。また、予備調査をするのも効果的です。何人かに実際に回答してもらい、意図通りに伝わっているかを検証することで改善点を見つけることができます。

調査自体が取りやめに

　新規事業のプロジェクトでアンケートを実施することになり、いよいよ配信！という段階で急遽取りやめになったことがありました。新規事業に関する情報流出のリスクを直前になって指摘されたのです。その手法のメリットだけではなく、限界やリスクをしっかり把握し、トレードオフも踏まえて提案していくことが大事だと学びました。

見積もりミス！

　ユーザーインタビューの分析にかかる時間を見誤り、思った以上に時間がかかってしまいその後のサービス検討に活かしきれませんでした。こういう失敗を避けるには、プロジェクトの状況を理解する際に、しっかりスケジュールの意識を合わせておくことが大事です。また、可能なら期限ギリギリに終わるように設計するのではなく、前倒してプロジェクトを進行できないか、といったことも検討したいところです。

Chapter8
UXリサーチの実践知の共有

実践者同士で学び合うには？

UXリサーチを実践し続けられるようになってきたら、実践知をまとめて言語化することをおすすめします。それをもとに他の人と共有・議論することが、UXリサーチを学び続ける上で効果的だからです。本章では、組織の内外それぞれでどのような実践知の共有の仕方があるのかを見ていきます。

対象となるステージ	1	2	3	4	5
この章を通してできるようになること	UXリサーチの実践知のまとめ方がわかる 他の人とスキルやマインドを高め合える				

組織の中でUXリサーチの実践知を共有しよう

　UXリサーチの実践を重ねるとUXリサーチに関する実践知を得られますが、それは個人の中で属人化してしまいがちです。意識して定期的に周りに共有していくことが必要になります。ここでは「お互いの活動を観察し合う」「日々の業務の中でレビューし合う」「KPTをして活動を振り返る機会を作る」「スキルを棚卸しするワークショップを行う」「メンターに相談できる環境を作る」という方法を紹介します。

お互いの活動を観察し合う

　他の人の調査の組み立て方や、調査の進め方、結果のまとめ方などを観察して参考にしていくことも、ひとつの実践知の共有です。なるべくUXリサーチ自体のプロセスや各種資料などを意識的にオープンにしておくことで、観察する機会が生まれやすくなります。

日々の業務の中でレビューし合う

　お互いのやり方をレビューし合うことも実践知の共有には効果的です。周りにレビューをお願いできる人がいれば、積極的にレビューの機会をもらいましょう。自分にはなかった観点を得られます。また、レビューし合うこと

を通して、お互いがやっていること、使っている手法、ツールも含めて共有ができます。その場のレビューだけではなく、可能ならレビューの過程を記録として残しておくこともおすすめします。たとえば、前述した調査企画書（3章のコラム参照）とレビューをセットにして残しておくことで、当時の状況、設計の意図、制約などを後から振り返れます。さらに、どのような視点で調査がレビューされていたのかもわかります。後からそれらの情報を見た人が参考にしやすくなるでしょう。

KPTをして活動を振り返る機会を作る

　組織の中でKPTの振り返りをすることも効果的です。KPTとは「Keep：良かったこと・今後も維持したほうが良いこと」「Problem：悪かったこと・今後は改善したほうが良いこと」「Try：Keepを加速させる・Problemを解消するための具体的な取り組み」という3つの視点から活動を振り返る方法です。レビューよりも、より広範囲の振り返りと実践知の共有が期待できます。なお、KPTは1人でも取り組むことができますが、可能ならUXリサーチを実施している仲間や、UXリサーチに関わってくれている関係者と一緒に実施することをおすすめします。

スキルを棚卸しするワークショップを行う

　UXリサーチのスキルに関して共有をしたいのであれば、ResearchOpsのコミュニティが公開している、スキルワークショップ[1]も良い方法です。このワークショップをUXリサーチに取り組んでいる人同士でやることで、自分はこういうことができる、こういうことに挑戦してみたい、といったことが可視化できます。また、よく使う手法やその習熟度についてもお互いに知ることができます。それによって「よく使う手法のメリット・デメリットは？」など、実践してみてどうだったか、という会話につながりやすく、スキルに関する知識の共有が促せます。

*1：https://github.com/researchops/research-skills/tree/master/materials/japanese

メンターに相談できる環境を作る

可能であればUXリサーチの実践経験が豊富な人に、メンターとして指導してもらうこともひとつの手です。組織の中にそういう人がいれば部署やプロジェクトの垣根を超えてお願いすることも考えましょう。または、外部からパートナーをお呼びするのも手です。自分がUXリサーチで取り組んでいることに対して壁打ちやコーチングを受けることで実践知の棚卸しができます。また、外部パートナーから実践知を共有してもらうこともできます。筆者は、外部パートナーとして数社に対してUXリサーチに関する壁打ちやコーチングをしています。中にはUXリサーチのスキルをメキメキと伸ばして、組織の中で教える側に回るほどの人もいます。そういった方との議論では筆者もハッとさせられることもあり、お互いに良い学びが得られています。

組織の外・業界と交流しよう

UXリサーチでは、調査協力者の個人情報や、未公開の事業に関する情報など、取り扱いに注意を要するデータが多くなります。そのため、なかなかUXリサーチについて外部に情報発信することは難しいと感じるかもしれません。しかし、プロセスについては共有できることがあります。実際、いろいろな組織のUXリサーチャーの話を聞いていると、事業領域や状況は違っても、UXリサーチを実践する中で困るポイントは似ています。それらのポイントは具体的な調査データを出さなくても共有できます。UXリサーチのプロセスに関する実践知を共有することで、組織の枠を超えて学び合えるのです。業界全体でUXリサーチの質や効率を良くすることにもつながるでしょう。また「情報は発信するところに集まる」という考えもあり、旬な情報を得るためにも情報発信をすることは価値があります。

ここからは、実際に著者が取り組んでいるUXリサーチの実践者が情報交換するイベントやコミュニティ作りなど、組織の外・業界と交流する方法を紹介します。

イベント型の情報共有をする

　イベント型の情報共有とは、単発もしくは定期的にテーマを決めてイベントを開くことです。テーマに沿って登壇者が話題提供をしたり、テーマに基づいてグループワークを行うものなどがあります。

　著者が主催しているイベントのひとつに、「UX BIG BANG」があります。このイベントは、多様な事業領域でUXリサーチを活用する方々の経験をシェアしてもらいながら、グループでのディスカッションを中心に据えています。このイベントには、UXリサーチャーやPM、デザイナーなど様々な職種のUXリサーチ実践者が集まります。多様な人が経験を共有し合うことで、お互いに学び合い・成長できる場となることを期待しています。たとえば、今までに設定したテーマは、海外カンファレンスでの学びの共有、ケーススタディの紹介、UXリサーチを始めるときの困りごとなどがありました。他にも、手法やツールの目的に応じた使い方、手法やツール選びの失敗談、業界ごと（B2C、B2Bなど）の違いなどの話題も盛り上がりました。これらの交流を通して、組織の中だけでは得られないUXリサーチに関する悩みや実践知を知ることができました。

コミュニティ型の情報共有をする

　コミュニティ型の情報共有では、UXリサーチに興味のある人が集まって、継続的なコミュニティを運営しながら情報共有をします。イベント型の情報共有に比べると、テーマも含めてコミュニティの参加者が主体的に決めて議論していきます。また、参加者同士の横のつながりも強めやすいことが特徴です。

　UXリサーチのようなまだ小さい業界は、組織の中だけではコミュニティ

の形成が難しい場合があります。そういう状況では、組織を超えたコミュニティ型の情報共有の場が重要になると筆者は考えています。そのような意識から、筆者はUXリサーチの実践者が集まるコミュニティの運営に関わっています。UXリサーチを実践し続けている方が中心となっており、定期的に開催している勉強会ではUXリサーチを実践している中で出てくる共通の悩みを話し合い、相互に学び合うことが中心です。たとえば、これまでUXリサーチャーのキャリアパスや評価、UXリサーチャーの採用、専門性の高め方などが、話し合われてきました。

　コミュニティではSlackを用いて非同期的に議論をしたり新しい情報を共有できる環境を整えています。同期型と非同期型のコミュニケーションを組み合わせることで、継続性を高めながら濃い議論ができる場になっています。これらの議論は、UXリサーチャーとして専門性を高めたり、キャリアについて考える上で参加者に多くの刺激を与えています。

関連コミュニティで情報発信をする

　前述したように、自分たちでイベントを開催したりコミュニティを作ったりすることは大変有用です。一方で、どうしても情報を届けられる範囲が自分たちの手の届く範囲になりがちです。そこで、より広く情報を発信する方法も考えてみましょう。

　たとえば、UXデザインのコミュニティなど、より多くの人が集まる場でUXリサーチに関する話題で登壇することがあります。また、プロダクトマネジメントに関するセミナーや講義の一環で、UXリサーチについて講演をすることもあります。これらは、講演資料や動画が記録されて後日見られるようになることが多いので、非同期的にも情報発信できます。

　このような情報発信は「自分ではUXリサーチはしていないけどUXリサーチに興味がある」「UXリサーチャーとコラボレーションしたいと思っている」「UXリサーチというキーワードは知っていたけど詳しくは知らなかった」といった他職種の人たちに情報を届ける機会になります。また、組織の外に情報発信することで、結果的に組織の中で普段直接やり取りしない方に情報が届いて興味を持ってもらえることもあります。

その他にブログを書くのもいいでしょう。個人ブログや組織のオウンドメディアで情報発信する、という方法もあります。実は、この書籍の執筆のきっかけも外部での情報発信でした。筆者（松薗）がSNSで「UXリサーチの実践本を書いてみたい」とつぶやいたことで編集者の目にとまり、声をかけていただいたのが始まりでした。このように、情報発信をするところに情報と機会は集まります。勇気を持って挑戦してみましょう。

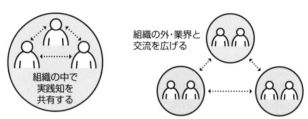

UXリサーチの実践知を共有することで学び合える
& 情報を発信するところに、旬な情報や機会が集まる

本章のまとめ

☐ 組織の中でUXリサーチのプロセスや資料をオープンにしてレビューし合うことで、実践知をまとめる機会が増やせる

☐ 組織の外でもイベント型、コミュニティ型などで情報共有することで、実践知を共有して高め合える

☐ 「情報は発信するところに集まる」ため、勇気を持って情報発信にも挑戦しよう

COLUMN　本を書くための調査とは？

　本書の執筆を「Meta UXR プロジェクト」、つまり UX リサーチについてメタ（俯瞰）的に調査するプロジェクトと名付け、これまでいくつかの調査をしながら進めてきました。

　まずは探索のために、UX リサーチを始めたばかりの方を集めてワークショップを開催し、どういう悩みを抱えているのかを教えてもらいました。そこで得たデータを分析し、本書の構成や内容に活かしています。

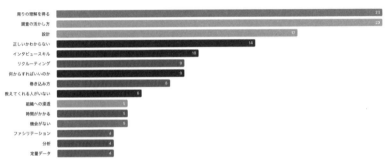

UX リサーチに関する悩みを分析した様子

　次に、検証のために stand.fm というサービスで「Meta UXR channel」という音声配信をはじめました。stand.fm にはレターという機能があり、一方的に発信するだけではなくリスナーから感想や質問をもらうことができます。目次に沿って執筆中の内容を一部公開していき、出版前から様々な感想をいただくことができました。また、各回ごとの再生数もデータで知ることができるので、どのような内容に興味をもってもらいやすいのか参考になりました。興味のある方は、stand.fm でぜひ聞いてみてください。

　また、継続的に調査ができる仕組みを作るために、Meta UXR プロジェクトのオンラインコミュニティも作りました。ここでは原稿をレビューいただける方を募り、フィードバックをいただいては反映していきました。このように、本もサービスのひとつだと捉えると、執筆にあたり想定読者について調査することは自然なことでした。調査をきっかけに応援してくれる人も増えていき、まさにユーザーとともに作った本です。

Meta UXR channel（https://stand.fm/channels/5efab09136e4dd5a2d1e26d4）

Appendix　付録

UXリサーチに使えるテンプレートが付録としてダウンロードできます。

> ダウンロード
> https://www.shoeisha.co.jp/book/download/9784798167923/

◎ **調査企画書**
調査企画書を作成するときのテンプレートです。

◎ **ユーザーインタビューガイド**
ユーザーインタビューを行う際のガイド例です。ご案内事項や質問項目はアレンジして使ってください。

◎ **ユーザビリティテストガイド**
ユーザビリティテストを行う際のガイド例です。ご案内事項や手順はアレンジして使ってください。

◎ **コンセプトシート**
コンセプトシートのテンプレートです。テキストや写真、イラストなどを組み合わせて活用してください。

◎ **UXリサーチリスト**
過去のUXリサーチを一覧化して把握できるUXリサーチリストのテンプレートです。ガイド、記録などの項目には各ドキュメントへのリンクを貼っておくと便利です。

◎ **スクリーニング用のアンケート**
リクルーティングで使用する、スクリーニング用のアンケート例です。質問項目はアレンジして使ってください。

◎ **記録**
ユーザーインタビューなどで記録を取る際のテンプレートです。

◎ **オンラインコミュニティ案内**
オンラインコミュニティへのご案内を記載しています。予告なしに変更、廃止することがありますのでご了承ください。

Afterwords　あとがき

　本書を通して、UXリサーチを実践してみるイメージはつかめましたか？はじめはうまくいかないことがあって当然です。実践したからこそ得られた学びを、次の実践に活かしていきましょう。そして、ユーザーとともに価値あるサービスを作り続けるために、UXリサーチを一緒にやる仲間を少しずつ増やしながら仕組みも整えていきましょう。

　なお、本書では理論的な背景や最新の考え方よりも、UXリサーチを実践することに焦点を当てています。だからこそ、あえて略式的に紹介しているところもあります。UXリサーチに関する分野はとても広く深く、本書で紹介した手法ひとつに対して何冊もの本が出ているような世界ですし、研究も日々進んでいます。UXリサーチの実践を続けられるようになったら、より専門性を深めることにも目を向けてみてください。たとえば、本書で紹介した参考文献を読むことで、どういう考えや思想、歴史的背景からその手法が良いといわれているのか理解を深められるはずです。先人たちの知恵から学んだことを実践してみることで、あなたのなかで理論と実践が相互作用し、より豊かなUXリサーチの世界が広がっていくでしょう。

　本書をきっかけにあなたが取り組んでみたことや、その実践から得た学びをTwitterなどで、ハッシュタグ **#はじめてのUXリサーチ** とともに共有してもらえると嬉しいです。あなたの学びが誰かの学びになることで、UXリサーチの輪が広がっていくはずです。また、UXリサーチの実践者同士がつながる場として、本書のオンラインコミュニティへの案内リンクを付録に入れておきます。いずれかの形で、あなたとUXリサーチの実践について対話できる日を楽しみにしています！

　最後に、本書をレビューいただいた皆さま、Meta UXR プロジェクト参加者の皆さま、編集・デザイン制作の皆さま、「All for One」にUXリサーチにともに取り組むメルカリ・メルペイの皆さま、そしてUXリサーチにご協力くださったお客さまに心より感謝いたします。

執筆者プロフィール

松薗美帆 株式会社メルペイ UXリサーチャー

国際基督教大学教養学部卒、文化人類学専攻。株式会社リクルートジョブズに新卒入社し、人材領域のデジタルマーケティング、プロダクトマネージャーに従事。株式会社リクルートテクノロジーズに出向し、UXリサーチチームの立ち上げに携わる。2019年より現職。新規事業立ち上げやUXリサーチの仕組み作りなどに取り組む。北陸先端科学技術大学院大学博士前期課程に社会人学生として在学中。

草野孔希 株式会社メルペイ UXリサーチャー

電気通信大学大学院修士課程修了後、通信事業会社の研究所に入社し、デザイン方法論の研究および研究知見を活用したコンサルティングに従事。同時に社会人博士として慶應義塾大学院大学システムデザイン・マネジメント研究科にて博士後期課程を修了 博士（SDM学）。2018年11月より現職。UXリサーチを活用したサービスデザイン、およびUXリサーチチームのマネジメントに取り組む。

- ブックデザイン・作図　　宮嶋章文
- レイアウト　　　　　　　BUCH$^+$
- 編集　　　　　　　　　　関根康浩

はじめてのUXリサーチ
（ユーエックス）
ユーザーとともに価値あるサービスを作り続けるために

2021年8月5日　初版第1刷発行

著　　　者	松薗美帆、草野孔希
発 行 人	佐々木幹夫
発 行 所	株式会社翔泳社（https://www.shoeisha.co.jp）
印刷・製本	株式会社廣済堂

ISBN978-4-7981-6792-3　　　　　　　　　　　　　　Printed in Japan